WWW.2BEKNOWN.DE

2BEKNOWN
CONSULTING CONTACTS CONNECTIONS

„Wir zeigen Ihnen, wie Sie immer und überall mit Spass und Niveau neue Geschäftspartner kennenlernen."

TOBIAS SCHLOSSER

Aufgewachsen in Leipzig/Sachsen, sammelte er anfänglich wegen seiner großen Leidenschaft für den Sport als Physiotherapeut, insbesondere in der Fitness- und Gesundheitsbranche erste Erfahrungen im Bereich der Kommunikation und Motivation von Menschen.

Während seines Studiums der Psychologie hatte er erste Kontakte mit der freien Wirtschaft und entschloss sich zu einer Vertriebstätigkeit bei einem namhaften Versicherungskonzern.

Nach anfänglichen Schwierigkeiten mit den etablierten Methoden entwickelte sich dieses Geschäft dann sehr positiv. Mit der Rekrutierung seiner ersten Geschäftspartner entdeckte er seine Leidenschaft für den Gruppenaufbau und hier insbesondere für das professionelle und stilvolle Kontakten und die Ansprache von potenziellen Geschäftspartnern durch die Technik des FREMDKONTAKTES bzw. der DIREKTANSPRACHE.

Dieses Know-How kultivierte er in unzähligen Gesprächen und baute während seiner Tätigkeit in Leipzig und als Stützpunktleiter in München jeweils Gruppen von beachtlicher Größe auf.

Während dieser Zeit gab er sein Spezialwissen in diesem Bereich auch gerne sehr motivierend an Kollegen weiter und machte sich einen Namen als Kontaktprofi.

Auch seinen heutigen Geschäftspartner Rainer Freiherr von Massenbach brachte er auf diese Art und Weise ins Geschäft und legte damit den Grundstein für eine gewinnbringende Geschäftspartnerschaft und nunmehr 5 Jahre dauernde Freundschaft.

Die Fähigkeit und Leidenschaft, Menschen immer und überall auf kürzestem Wege direkt ansprechen zu können, waren damit die Grundlage für das heutige Seminar- und Workshopkonzept von 2BEKNOWN.

Bei 2BEKNOWN ist er Spezialist insbesondere für Workshops und Praxistrainings, in denen er sein Können an unsere Teilnehmer weitergibt. Hier wird speziell für jeden nachvollziehbar der Beweis angetreten, dass die DIREKTANSPRACHE für jeden erlernbar ist, und damit dem Erfolg auch IHRER Gruppe keine Grenzen mehr gesetzt sind.

INDEX

Vorwort 8

Wie alles begann 11

Unser Termin 12

Die ersten vertrieblichen Gehversuche 16

Die perfekte Einarbeitung? 17

Ergebnisse 19

Aus eins mach zwei 22

Der heiße Atem 26

Zwischenstand 28

Mein Fundament wurde fester 30

Auf der Suche nach mehr 31

Trendwende - Auf zu neuen Taten! 33

Direktkontakt oder Direktansprache 36

Voilá! 37

Vorhang auf, jetzt geht's los! 39

Die Urmutter aller meiner Direktansprachen 40

Offenbarung/Erkenntnis 43

Das Gute liegt so nah 44

Einer nach dem anderen 46

Toperlebnisse und mitreißende Geschichten 48

Sonderkonditionen 49

München - The Beginning 52

Ein Rohdiamant 56

Nach oben rekrutieren 59

Stars und Sternchen 62

Gleich und Gleich gesellt sich gern 66

Personalcasting 69

Der Schnellere gewinnt 73

Höfliche Hartnäckigkeit hilft 76

Das andere Geschlecht 79

High Potentials 84

Ein Hochkaräter auf elf Uhr 86

Sepp aus Rosenheim 89

Nachwort 92

Vorwort

Liebe Leserin, lieber Leser,

ich habe mir nach dem tollen Erfolg unserer ersten **2BEKNOWN**-Veröffentlichung „Direktkontakt - Die Offenbarung eines Mythos" auf vielfachen Wunsch die Zeit genommen, meinen eigenen Werdegang im Struktursystem noch einmal Revue passieren zu lassen und die wichtigsten Situationen und Erlebnisse in Wort und Schrift festgehalten.

Aufgrund der vielen begeisterten Nachfragen aus allen Kreisen der Network-, MLM- und Vertriebsszene habe ich noch mehr Wert und noch größere Gewichtung auf die detaillierte Darstellung der vielen zwischenmenschlichen Geschichten und Erlebnisse gelegt. Ich glaube, das Ergebnis kann sich sehen lassen, denn es ist Roman, Lehrbuch, Biografie und Fachbuch in einem, und das alles noch hoch spannend und lustig. Das Schönste daran ist: 99,9 Prozent des Inhaltes sind wahr. Die 0,1 Prozent des Restes würde ich auch nicht unbedingt in die Kategorie Unwahrheit stecken, sondern vielmehr in den Bereich der für Verkäufer so typischen Begeisterung und Übertreibung. Sie mögen es mir nachsehen und sich ein klein wenig für Ihre eigene Arbeit dadurch inspirieren lassen.

Mir war es besonders wichtig, auch den Einstieg und gerade die so wichtigen ersten Schritte in meinem Leben als Unternehmer im Network-Marketing noch einmal zu beschreiben. Ich bin mir sicher, dass diese Ausführungen gerade für Neueinsteiger gut brauchbar sind und in schwierigen und herausfordernden Phasen des Network-Alltags ungemein motivieren. Ich selbst kann aus eigener Erfahrung sagen, dass ich für jede Erfolgsgeschichte, jedes gute Gespräch und für jede Information im Sinne einer positiven Geschäftsentwicklung dankbar war und auch heute noch bin. Gerade deshalb möchte ich mit dem Inhalt dieses Buches und meinen positiven Erfahrungen etwas an alle anderen Networker und Vertriebsmenschen zurückgeben. Was die Profis unter Ihnen betrifft, so kann ich mit Fug und Recht sagen, Sie werden diese Lektüre genießen, schmunzeln und immer wieder überrascht sein, was alles machbar ist.

Da ich 95 Prozent meiner kompletten Strukturen und Geschäftspartner durch den „Direktkontakt" beziehungsweise die „Direktansprache" gewonnen habe, schildere ich detailliert sehr lustige, lehrreiche, gewinnbringende, aber alles in allem für mich unvergessliche Gesprächssituationen, die durch diese Vorgehensweise entstanden sind. Das Wichtigste an diesem Buch ist jedoch die Tatsache, dass ich meine Vorgehensweisen und Erfahrungen nicht für mich behalten will, sondern darauf bestehe, dass Sie davon profitieren. Ich bin mir absolut sicher, dass Sie Teile aus Gesprächen, bestimmte Strategien oder einfach nur den tieferen Sinn, der übrigens in jeder Geschichte enthalten ist, für Ihr Business nutzen können.

Wenn ich schon vorab allen Expansionswilligen eines mit auf den Weg geben darf, dann ist es eine absolute Wahrheit. Es ist meine Wahrheit!

„Der schlechteste Kontakt ist der, den Du NICHT machst!"

Mit kontaktstarken Grüßen und den besten Wünschen für Sie und Ihr Geschäft

Tobias Schlosser

Wie alles begann

Im Oktober 1998 wurde ich von einem Bekannten angesprochen mit der Frage: *„Mensch, Tobi, du bist doch ein guter Typ. Wollen wir nicht geschäftlich was zusammen machen?"* Wer mich kennt, weiß genau, dass die Worte „guter Typ" und „geschäftlich" bei mir zweifellos ihre Wirkung hinterließen. Zudem war ich zu jenem Zeitpunkt auch massiv unzufrieden und auf der Suche nach neuen Möglichkeiten. Ich hatte mein Auto zu Totalschaden gefahren, konnte mich überhaupt nicht mit meinem begonnenen Psychologiestudium identifizieren, und die berühmte „finanzielle Situation" war alles andere als zufriedenstellend.

Ich arbeitete erfolgreich als Trainer im örtlichen Fitnessklub, verdiente mir am Wochenende meine Sporen als Türsteher und war alles in allem sehr bekannt, unheimlich stolz und vielleicht auch ein bisschen arrogant. Doch dazu später mehr...!

Ich kann heute nicht mehr genau sagen, was mich schließlich zu einem konkreten Treffen mit meinem Bekannten bewegt hat. Ich denke, es waren in erster Linie seine etwas geheimnisvolle Ansprache und sein nagelneuer 5er-BMW mit Vollausstattung ... :). Auf den Punkt gebracht: Er war zur richtigen Zeit am richtigen Ort und hat mir tatsächlich noch die richtigen Dinge gesagt. Aus meiner heutigen Erfahrung gesehen, ein Meisterstück erfolgreicher Ansprache und der Traum eines jeden Networkers und Vertrieblers.

Unser Termin

Mein Rekrutierungs- beziehungsweise Sponsorgespräch verlief, wie ich es gewohnt war. Ich wurde im noch nach frischem Leder und nach „Erfolg" riechenden BMW direkt von meinem Dienst im Fitnessstudio abgeholt, und wir fuhren zum ersten Lokal am Platze, um die Dinge, die da zu tun wären, zu besprechen. Kurz und gut: Die Atmosphäre war perfekt. Die Stimmung entwickelte sich prächtig, wir philosophierten über Gott und die Welt, und nach zirka zwei Gläsern Rotwein war ich offen für neue Informationen. Im Hinterkopf die Frage: *„Was muss ich tun, um mir auch so eine Karre leisten zu können wie er?"*, folgten meine Augen wie hypnotisiert dem Stift, der mir in einem ledergebundenen Timer die Richtung zum Erfolg wies! Ich hörte aus begeistertem Munde, wie sich die Bevölkerung in Deutschland in den nächsten 30 Jahren entwickeln würde, dass es immer mehr alte als junge Menschen gibt und im Prinzip jeder etwas sparen müsse, um im Alter seinen Lebensstandard zu halten.

Mit jedem Schluck Rotwein erschien mir die Altersarmut in unserem Land akuter, und insgeheim stellte ich mir auch schon die Frage: *„Wie soll das in Zukunft weitergehen?"*. Als ob mein Bekannter Gedanken lesen könnte, präsentierte er auf sehr simple und begeisterte Art und Weise eine Art Sparbuch mit Absicherung. Eine absolut geniale Geschichte, denn dieses Sparbuch spart weiter, wenn man selbst nicht mehr kann. So zum Beispiel im Falle einer Berufsunfähigkeit, nach einem Unfall oder gar Todesfall. Das galt natürlich auch für Familie oder Angehörige. Wenn all das nicht eintreten würde, gäbe es am Ende einen ordentlichen Batzen Kohle zur Ergänzung der eigenen Rente.

Da mich Rente zu diesem Zeitpunkt null Komma null interessierte, ich aber unbedingt in Miami am Ocean Drive ein Fitnessgym eröffnen wollte, stellte ich die Frage, ob man das Geld auch anderweitig verwenden könne? Auf meine Frage folgte ein klares Ja! Und im selben Moment sah ich mich in Gedanken schon als toperfolgreicher Studiobesitzer in einer schwarzen Dodge Viper durch Miamis Straßen cruisen.

Nur als Anmerkung: In meinem Rekrutierungsgespräch war ein

außerordentlich erfolgreicher Verkäufer am Werk, und ich hatte den Eindruck, nur noch in Bildern zu denken. Diese Bilder sollten sich als extrem wichtig herausstellen und mir die Kraft geben, auch zukünftige Herausforderungen immer wieder zu meistern und letztlich sehr erfolgreich im Strukturvertrieb zu werden.

Doch vorher musste noch geringfügig etwas getan werden. Auf die Frage, ob ich selbst so ein „Sparbuch" abschließen würde, antwortete ich sofort mit Ja, da ich zu diesem Zeitpunkt auch einer der blauäugigen Deutschen war, die sich nicht um ihre Zukunft kümmerten. Auch die nächste Frage, ob ich ein paar Leute kenne, die so etwas brauchen könnten, beantwortete ich positiv. Sie erinnern sich: Ich kannte nicht nur ein paar, sondern viele! Und die ganze Stadt kannte mich :) !

Jetzt war der Zeitpunkt gekommen, um über die wichtigen Dinge zu reden. Wie würden wir damit die Kohle für mein Fitnessgym und meine Dodge Viper machen, denn 20 Jahre wollte ich schließlich nicht warten?!
Wir betrachteten uns das Beispiel eines Menschen, der über 30 Jahre 100,- Mark monatlich spare, und ich erfuhr, dass es im Falle eines Verkaufes mehrere hundert Mark zu verdienen gäbe ... Bingo! So viel verdiente ich bisher mit zwei Jobs im ganzen Monat. Das Ganze war zehn Mal zu tun und dann ...? Ganz einfach: *„... Du brauchst genau 5 Freunde, die genau dasselbe tun"*, war die Antwort. Und dann? *„..Hilfst Du Deinen 5 Freunden, genau 5 Freunde zu finden, die wiederum das Gleiche tun."* Und dann? *„Bist du so eine Art Geschäftsführer und kannst Dir auch so einen BMW leisten."*
Die alles entscheidende Frage, ob ich mir das zutrauen würde, beantwortete ich mit einem etwas arroganten Lächeln und der Aussage: *„Das ist kein Problem für mich!"*

Jetzt wurde mir noch eine Luxusuhr im Wert von mehr als 10.000,- Mark am Handgelenk meines Bekannten präsentiert, die auch auf mich als Belohnung wartete, wenn ... Meine Gedanken fuhren Achterbahn, und ich war mir absolut sicher, meine zukünftige Aufgabe gefunden zu haben.

In den nächsten Minuten unseres Gespräches wurden noch einige Details besprochen, der Termin für den Besuch einer Geschäftspräsentation festgelegt und vor allem viel Persönliches ausgetauscht. Ich war begeistert - und ich wollte den Erfolg!

ZUSAMMENFASSEND SEI FÜR ALLE RECRUITER UND SPONSOREN GESAGT:

1. Ich war auf der Suche!

2. Ich war zwar von den Fakten begeistert, aber der Grund für meine positive Entscheidung war der Mensch, der diese Informationen transportierte. Mein zukünftiger Coach, Freund und Wegbereiter!

3. Unser Gespräch fand in entspannter Atmosphäre statt.

4. Ich wurde förmlich entflammt und war begeistert. Ich habe den Erfolg gespürt!

5. Ich wurde im Gespräch viel gefragt. Das heißt, ich habe mir durch meine Antworten die zukünftige Karriere am Ende selbst verkauft. (Es war mein Baby, meine Idee, und nicht das Kind eines anderen!)

6. Mein Gesprächspartner war 100-prozentig identifiziert mit seiner Sache, er war begeistert, und er war selbst erfolgreich. Ich habe in ihm unterbewusst sofort ein Vorbild gesehen.

Mit diesem Gespräch wurde praktisch der Grundstein für meine neunjährige Karriere im Strukturvertrieb einer der größten und erfolgreichsten Versicherungsgesellschaften Deutschlands gelegt. Die Basis für meinen heutigen Geschäftserfolg, eine grandiose Entwicklung als Persönlichkeit und Mensch und tatsächlich der Beginn von zahlreichen Freundschaften und Geschäftsverbindungen,

wie ich sie in dieser Form bisher nicht gekannt hatte. Zusammengefasst, sei hier an dieser Stelle von mir bemerkt:
Die Tätigkeit in einem seriösen MLM oder Strukturvertrieb und die damit verbundenen Erfahrungen im Bereich Verkauf, Sponsoring/ Recruiting, Einarbeitung, Führung und Bindung von Menschen sind absolut empfehlenswert und zu 100 Prozent praxisorientiert. Aussagen wie: *„Vertrieb macht Menschen zu Siegern"* oder *„Schule des Lebens"* sehe ich als absolut gerechtfertigt und würde, wenn es nach mir ginge, jedem, der sich in der freien Wirtschaft entwickeln möchte, persönliche Erfahrungen im Strukturvertrieb oder MLM „verordnen". Basta!

Die ersten vertrieblichen Gehversuche

Die ersten Schritte nach meiner Geschäftspräsentation, die ich übrigens erst beim dritten Anlauf besuchte, verliefen für mich einfach nur niederschmetternd. Getragen von einer totalen Begeisterung, von zielorientierter Planung, Willen, unerschütterlichem Drang nach Erfolg und vom Ego eines spanischen Kampfstiers getrieben, machte ich mich an meine ersten Präsentationen. Im Glauben, dass ich jeden überzeugen könne, weil ich ein „genialer Typ" sei, holte ich mir, für mich absolut unverständlich, meine ersten „NEINS", hämische Absagen, mitleidige Blicke und das ganze Programm an emotionalen „Ups" und „Downs", die man in der ersten vertrieblichen Phase, der „Auslachphase", so durchlaufen kann.

Da ich ein Mensch mit Drang nach Harmonie bin, erlebte ich die ersten Monate dieses neuen Lebens sehr intensiv und lernte tatsächlich meine „wahren Freunde" kennen. Dass es am Anfang wirklich nur drei von zirka 300 Menschen waren, so viele standen damals auf meiner Namensliste, erschütterte mich sehr, und ich versuchte, neue Regeln aufzustellen, um das Geschäft anders zu betreiben.

Durch viele persönliche Gespräche mit meinem Coach erkannte ich schließlich, dass es nur einen Weg gab, mit dieser Situation klarzukommen: Ich kann nicht die Menschen ändern, sondern nur meine Art und Weise, mit ihren Reaktionen umzugehen. Das war übrigens eine meiner ersten Begegnungen mit den Themen Selbstverantwortung, der Bedeutungslosigkeit des NEIN und selbstbestimmter Arbeit an der eigenen Persönlichkeit.

Und ich dachte immer, ich sei eine geniale Persönlichkeit, und bei mir gäbe es nicht mehr viel zu tun ... Aber weit gefehlt!

Die perfekte Einarbeitung?

Was meine ersten Erfolge betraf, gehörte ich wohl eher zu den Spätzündern. Später nannte ich Partner, die auch etwas länger für die ersten Verkäufe von Produkten oder die Einschreibung neuer Mitarbeiter brauchten, selbst liebevoll „Buchenholz" (brennt lange). Genauso ein „Buchenholz" war auch ich anfangs.

Meine ersten 13 Verkaufsgespräche endeten ohne Erfolg. Mein geniales „Sparbuch" fanden zwar alle genial, aber abgeschlossen hat keiner. Wohl auch, weil ich wie die meisten Neulinge im Network-Alltag meinen Sponsor bei den meisten Gesprächen nicht dabeihatte ... oder dabeihaben wollte? Ein absoluter Fehler, der beinahe das Ende meiner doch noch so jungen Karriere bedeutet hätte. Man kann sich wahrscheinlich darüber streiten, aber ich bin mir heute sicher, dass mir die Absagen aus den ersten Tagen den nötigen „Beton" in der Brust verschafft haben. Wäre mein Coach bei allen Gesprächen dabei gewesen, hätten wir mit Sicherheit mehr Verkäufe getätigt, aber ich hätte mir vielleicht nicht das „Kreuz" für spätere Bewährungsproben erarbeitet.

Alles in allem waren die Ergebnisse aus den ersten Tagen in betriebswirtschaftlicher Hinsicht wirklich niederschmetternd. Keine Abschlüsse, keine Empfehlungen, keine potenziellen Mitarbeiter...?! Doch Moment! Was die Mitarbeiter betraf, schien ich ein etwas glücklicheres Händchen zu haben. Drei meiner besten Freunde hatten mir eine verbindliche Zusage mit Unterschrift zur nächsten Geschäftspräsentation gegeben, nachdem ich sie mit blumenreichen Worten über mein Vorhaben informiert hatte. Ich wusste doch schon immer, ich bin eher der Mann für den Geschäftsaufbau, als für den Verkauf!

Ich dachte, dass ich drei meiner fünf für den Geschäftserfolg benötigten Freunde schon im Sack hätte. Aber weit gefehlt. Sie fuhren nicht wie besprochen auf unsere Präsentation. Sie sagten teilweise recht fadenscheinig und mit für mich nicht nachvollziehbaren Begründungen ab.

Im Übrigen bin ich ein Mensch, der so etwas sehr persönlich nimmt, und ich sah es als oberste Aufgabe an, diesen Fleck auf meiner Weste wieder zu beseitigen. Denn es konnte doch nicht sein, dass mein Wort bei meinen Freunden nichts zählte. Es sollte in diesen Fällen noch mehrere Monate beziehungsweise anderthalb Jahre dauern, bis ich meine „Jungs" überzeugen konnte. Mit Erfolg. Zwei von diesen dreien sind heute noch zufriedene Kunden und einer ist zum umsatzstärksten Partner meiner Struktur gewachsen. Voilà!

MEINE ANALYSE DER SITUATION HAT FOLGENDES ERGEBEN:

1. Jeder ist rekrutierbar, aber nicht von jedem und nicht zu jeder Zeit.

2. Höfliche Hartnäckigkeit hilft (auch bekannt als: „Steter Tropfen höhlt den Stein").

3. Ich habe meinen Jungs gezeigt, dass ich erfolgreich wurde, und sie dadurch überzeugt (Taten sprechen eine deutlichere Sprache als Worte).

4. Man sollte in diesen Fällen nie versuchen, die Dinge zu verstehen oder gar zu erklären. Einfach akzeptieren und weitermachen. Früher oder später „kriegen" Sie sowieso alle,... wenn Sie den langen Atem haben. :)

5. Nicht verkrampfen! Leichtfüßigkeit ist angesagt!

Ergebnisse

Nachdem ich schließlich mit viel Mühe (wer hätte das gedacht) innerhalb von unendlich langen sieben Monaten mein Eigenumsatzvolumen bewältigt hatte, war ich nun stolzer Teamleiter meiner Organisation. Nur zur Anmerkung: In meiner eigenen Struktur gab es später einige Geschäftspartner, die dafür lediglich einen Monat, 14 Tage oder gar weniger als eine Woche benötigten. Das war damals der Beweis für mich, dass die Strategie, nur bessere Leute als mich selbst einzustellen, sehr oft gut funktionierte. Wenn ich mit meinem heutigen Wissen noch mal im MLM oder Strukturvertrieb starten würde, so gäbe ich mir allerdings noch mehr Mühe, den Part des Eigenumsatzes schneller zu bewältigen.

DIE VORTEILE DAFÜR LIEGEN AUF DER HAND:

1. Man verdient SOFORT gutes Geld.

2. Man verdient schneller Geld an bereits unterstellten Geschäftspartnern.

3. Die Vorbildwirkung ist allgegenwärtig (sowohl die positive als auch die negative). In meinem Fall hatte ich immer etwas Erklärungsnot und tat mich schwer, neue Partner für ein schnelles Erreichen des Eigenumsatzvolumens zu motivieren. Viele meiner ersten Partner waren immer der Meinung, sie könnten sich dafür genauso lange Zeit lassen wie ihre Upline (ich). Die ersten Geschäftspartner der schnellsten Eigenumsatzschreiber meiner Struktur waren später immer der Meinung, dass sie es genauso, wenn nicht schneller schaffen müssten ...Welch ein Unterschied! :)

4. Man bekommt unheimlich viel Anerkennung (das tut sehr gut!).

5. Man nimmt sofort oder schneller an den Incentives und Wettbewerbsreisen der eigenen Organisation teil und profitiert doppelt: 1. Man lernt absolute Topleute kennen und partizipiert am Erfahrungsaustausch auf höherer Ebene (auf In-

centives wird nicht gejammert :))
2. Sie machen Urlaub auf Firmenkosten.

6. Sie erhalten äußere Erkennungszeichen des Erfolges (Verkaufsnadel, Perlen, Brillanten oder Ähnliches), das heißt, Sie müssen Ihren Erfolg nicht verbal kommunizieren, sondern werden absolut unmissverständlich, visuell als erfolgreiches Vorbild wahrgenommen.

So also könnte Ihre Startphase im Struktursystem aussehen. Doch nun zurück zu meiner eigenen Laufbahn. Nach mittlerweile unzähligen Beratungen (am Anfang habe ich nur beraten und informiert) und Verkaufsgesprächen (die habe ich dann geführt, als mir bewusst wurde, dass ich mit Beratungen kein Geld verdiente) war ich mittlerweile sehr routiniert in den Bereichen telefonische Terminvereinbarung und Produktpräsentation/Verkauf (einschließlich einer zielorientierten Argumentation und Abschlusstechnik).

Zusätzlich wandte ich nach der Devise „Kein Gespräch ohne Empfehlungen" konsequent und erfolgreich ein Empfehlungsgespräch an. Das Beste jedoch war meine emotionale Stabilität, die ich in den letzen Monaten Schritt für Schritt gewonnen hatte. Während mich ein „NEIN" noch am Anfang für Stunden, ja manchmal sogar für Tage vom rechten Weg abbrachte und meine Stimmungen schwankten, als sei ich schwanger, entwickelte sich nun mehr und mehr das wirklich tief gehende Verständnis für die Natur beziehungsweise die Anatomie der Branche, in der ich arbeitete. Ich wurde mir tatsächlich darüber bewusst, dass ich mit jedem NEIN dem nächsten JA ein Stück näher kam und dass die Ablehnung, die ich erfuhr, wirklich nicht persönlich gemeint war, sondern pauschal jedem, der sich im Network oder Ähnlichem engagiert, zuteil wird. Mittlerweile wichen Hilflosigkeit und schwache Argumente sowie das Unverständnis für manch seltsame Reaktionen meiner Mitmenschen dem Stolz eines tief identifizierten Egotypen, der sein Ziel fest im Auge hat und bereit ist, den „Preis des Ruhmes" zu zahlen.

Ich war jetzt perfekt in allen vertrieblichen Grundlagen ausgebildet, hatte ein gutes Branchenwissen aufgebaut, mein komplettes Umfeld inklusive Familie akzeptierte mittlerweile, was ich beruflich tat, und ich war hoch motiviert, selbst eine gigantische und in dieser Größe noch nie da gewesene Organisation aufzubauen. Doch da war noch ein winziges Problem:

Keiner! meiner Verwandten, Freunde und Bekannten wollte anfänglich (ich betone anfänglich!) diesen Weg mit mir gehen.

Aus eins mach zwei

Wie schon gesagt, waren meine ersten Erfolge als Sponsor oder Recruiter eher spärlich, obwohl ich dachte, dass ich über ein gutes Namenspotenzial (360 qualifizierte Namen) verfügte. Zudem war ich in „meinem" Städtchen sehr bekannt und beliebt, zumindest glaubte ich das. Ich war neben meinem Studium der Psychologie als Trainer im örtlichen Fitnessstudio tätig und ein absoluter Menschenmagnet. Ich war gern genutzter Spezialist zu Fachthemen wie „dicke Oberarme", „gewichtssteigernde Ernährung", „bunte Sportklamotten" und Ähnlichem. Durch meine eigene sportliche Betätigung und das damit verbundene „geniale Aussehen" :) wandelte ich praktisch als Lifestyle-Idol durchs Leben. Ich war es auch gewohnt, mich ansprechen zu lassen!

Am Wochenende verdiente ich mir noch zusätzlich ein paar gute Euros als Herr über die Tür der bekanntesten Diskothek meiner Stadt (für alle diejenigen, die nicht wissen, was damit gemeint ist: Ich war Türsteher). Welch ein Leben in Saus und Braus! Ich entschied jeden Abend, wer unseren Laden betreten und feiern durfte, und wer nicht. Ich wurde in allen anderen Lokalitäten unseres Städtchens sehr oft zum Essen eingeladen, und für Getränke zahlte ich nur ganz selten. Freier Eintritt in anderen Klubs verstand sich von selbst. Außerdem wurde ich immer sehr ehrfürchtig gegrüßt, und man war stolz darauf mich zu kennen.

Viele von Ihnen werden jetzt denken: Ja, das sind ja optimale Bedingungen für den Einstieg im Vertrieb, denn viele Menschen zu kennen, hat in dieser Branche noch niemandem geschadet. Doch in meinem speziellen Falle war das anders. Ich kannte zwar viele Menschen, aber die Gegensätzlichkeit der Branchen, in denen ich tätig war, führte zu einem Akzeptanzproblem. Ich wurde in meiner neuen Tätigkeit überhaupt nicht ernst genommen, da man mich nur von anderen „Baustellen" kannte ... bis jetzt!

Die Menschen, mit denen ich auf einmal über Karriere und Unternehmertum sprach, kannten mich bisher nur als Sonnyboy und cool dreinschauenden Diskothekenwächter. Jetzt erzählte ich Dinge über Zukunft, Absicherung, Selbstständigkeit, Ausbildung und Persönlichkeitsentwicklung. Das Schlimme an der ganzen Geschichte war jedoch, dass mir die Leute nie ihre Meinung ins Gesicht sagten, sondern mir nach unseren Gesprächen meist aus dem Weg gingen, um sich nicht erklären zu müssen. Darauf hatte keiner Lust.

Die meisten der von mir und meinem Coach rekrutierten Menschen waren scheinbar etwas zäh zu motivieren, wollten keine Karriere machen oder waren auf einmal mit ihrer persönlichen Situation total zufrieden. Das alles war mir zu diesem Zeitpunkt irgendwie unverständlich, waren es doch die gleichen Menschen, die sonst fast täglich ihre eigenen Probleme zu den meinen machen wollten. Das begann bei der Unzufriedenheit mit dem eigenen Job, der Verständnislosigkeit für die Arbeitslosigkeit in den neuen Bundesländern, der unbefriedigenden finanziellen Situation bis hin zu privaten und persönlichen Problemen der unterschiedlichsten Schwierigkeitsgrade. Die Situation schien ausweglos, denn je intensiver ich mit den Leuten sprach, desto weniger schien ich bei ihnen zu bewirken. Ich machte Erfahrungen, die meiner bisherigen Logik total widersprachen. So erteilten mir Menschen Absagen, bei welchen ich davon ausging, sie würden die geschäftliche Chance erkennen. Andere, von denen ich es nie erwartet hätte, waren wiederum unglaublich begeistert.

Hier wurde mir zum ersten Mal klar, warum jeder Neueinsteiger in einem Network wirklich jeden grundsätzlich geeigneten Menschen aus seinem persönlichen Umfeld auf seine geschäftliche Chance ansprechen MUSS. Koste es, was es wolle!

Der Grund dafür ist einfach:

Wenn man in dieser Situation von den eigenen „Annahmen" ausgeht, ist man schon auf der Verliererspur, denn:

„Annahmen verändern die Wirklichkeit."

So kam es, dass ich anfing, mich immer mehr mit vertrieblichen Gesetzen zu beschäftigen, und ich erkannte, dass sich Naturgesetze wegen mir nicht ändern würden, und schon gar nicht mein Umfeld beziehungsweise meine Mitmenschen. Die einzige Chance, die ich hatte und die übrigens jeder hat, ist, diese Gegebenheiten zu akzeptieren und damit umgehen zu können. Heißt im Klartext: Sie können die Menschen nicht ändern, also ändern Sie sich! Jawohl, Sie haben richtig gehört. Ändern Sie sich!

Obwohl ich nicht gläubig bin, wurde aufgrund dieser Erkenntnisse ein Spruch aus der Bibel zu einem meiner Lebensgrundsätze:

„Gib mir die Kraft, die Dinge zu ändern, die ich ändern kann! Gib mir die Gelassenheit, die Dinge zu akzeptieren, die ich nicht ändern kann! Und ... Gib mir vor allem die Weisheit, das eine vom anderen zu unterscheiden!"

Eine fundamentale Sichtweise, die für den Erfolg eines Jeden MLMers/Vertrieblers entscheidend ist!

So kam es schließlich, dass nach zirka 40 aktiven „Sponsor-/Rekrutierungsgesprächen" ein Mann aus der zweiten Reihe plötzlich in die nähere Auswahl meiner zukünftigen Geschäftspartner trat. Er war nicht der von mir favorisierte Topmann aus meinem unmittelbaren Umfeld. Er war nicht perfekt, was Auftreten und bisherigen Lebensweg betraf, aber wenn man bedenkt, dass auch ich zu diesem Zeitpunkt noch mit großen goldenen Ohrringen und meist in total grellfarbenen Sportklamotten durch die Welt rannte, sei ihm das verziehen, dachte ich mir. Mehrere andere Dinge waren in diesem Moment viel wichtiger und entscheidend für meinen ersten Rekrutierungserfolg!

- Er war beruflich unzufrieden und auf der Suche nach Veränderung!

- Er war bereit, etwas zu ändern!

- Er fand Struktursysteme genial und erkannte seine Chance, ohne Risiko unternehmerisch aktiv zu werden.

- Er war Visionär und hatte Träume und Wünsche.

- Er interessierte sich in diesem Falle für Finanzen (das Thema meines Vertriebes).

- Er war unbändig hungrig auf Erfolg!

Dank dieser Voraussetzungen erlebte ich eine der schönsten und erotischsten Situationen in meinem Vertrieblerleben. Mein erster Mitarbeiter war geboren. Von diesem Moment an war ich kein Freiberufler, mehr sondern Unternehmer. Die Zelle hatte sich zum ersten Mal geteilt und einer weiteren Multiplikation stand nichts mehr im Wege. Dachte ich...! :)

Der heiße Atem

Mit dem Geschäftsstart meines ersten Partners änderte sich vieles. Ich kam in Situationen, die ich aus heutiger Sicht jedem Neueinsteiger im Vertrieb von Herzen wünsche und deren Natur ich in Zukunft bei allen Maßnahmen zum Organisationsausbau zu nutzen versuchte. Doch dazu später mehr.

Mein erster und wichtigster Mann entpuppte sich schnell als so eine Art Verkaufsgenie. Mit einer unbändigen Motivation und höllischer Begeisterung überzeugte er einen nach dem anderen für seine Sache. Das besagte Eigenumsatzvolumen (von mir in sieben Monaten bewältigt) stemmte er in lediglich vier Wochen und wurde dafür nach allen Regeln der Kunst geehrt, ausgezeichnet und gelobt. Das Schulterklopfen meiner überstellten Führungskräfte schien kein Ende zu nehmen, und mich beklomm zeitweise das Gefühl, dass ich in den Hintergrund rutschte. Die Anerkennung, eine der stärksten Motivationsgründe von uns Menschen, wurde nicht mehr mir, sondern ihm zu teil. Er wurde geehrt und ausgezeichnet mit goldener Verkaufsnadel, edlem Designerkoffer und einem Maßanzug, der seinem Ego die Muskeln eines Arnold Schwarzenegger zu verleihen schien. Ich merkte intuitiv und unmissverständlich, dass ich etwas tun musste, um mir meinen Status als Platzhirsch zurückzuerobern. Und zwar schnell!

Um die Situation näher zu beschreiben, möchte ich eine jedem bekannte Metapher benutzen:

"Die Kerze unterm Arsch bewirkt mehr als der Flammenwerfer im Gesicht!"

Übersetzt bedeutet das folgendes:

Die ganze Motivation meiner Upline beziehungsweise Führungskräfte vermochte nur einen Bruchteil der Tatenergie in mir freizusetzen, wie es der positive Schub eines unter mir aufstrebenden Geschäftspartners vermochte. Einfach sensationell! Schlichtweg genial!

Die Gründe für meine verstärkte geschäftliche Aktivität zu diesem Zeitpunkt möchte ich für alle nachfolgend aufführen:

- Ich wollte wieder die Nummer eins bei meinem Coach sein!
- Ich sehnte mich nach Anerkennung und Schulterklopfen!
- Ich verschenkte Leitungsvergütung (auch Overhead oder Differenzprovision genannt), im Klartext verlor ich Geld, weil ich die gleiche Position wie mein Partner innehatte.
- Es konnte nicht sein, dass jemand besser war als ich (das ist sicher nur für sehr egogesteuerte Menschen nachvollziehbar). :)

Der daraus resultierende Tipp für alle Führungskräfte, Sponsoren, Uplines oder Ähnliche sieht folgendermaßen aus:

Rekrutieren Sie schnellstmöglich und mit allen Ihnen zur Verfügung stehenden Mitteln die ersten Geschäftspartner für Ihre direkten Mitarbeiter. Wenn Sie es nicht können, dürfen oder wollen, ist das die Pflicht Ihrer überstellten Führungskräfte und gleichzeitig der Garant für das erfolgreiche Fortbestehen und Wachsen Ihrer „direkten" und Ihrer eigenen Struktur.

„Denn wer Mitarbeiter hat, geht nicht!"

Einem nicht zu beschreibenden Phänomen gleich werden sich unter diesen Bedingungen Mitarbeiter entwickeln, die von sich aus Verantwortung übernehmen, die schneller in die Rolle einer Führungskraft wachsen, und die unabhängig von Ihrer Anwesenheit Ihr Geschäft selbst betreiben.

Zwischenstand

Durch den positiven Aufwind neu motiviert und mit allen Erfolgstools ausgestattet, entwickelte sich in unserem kleinen Team in den nächsten Wochen und Monaten eine sehr interessante Dynamik. Mir gelang es, aus meinem entfernteren Bekanntenkreis zwei weitere direkte Geschäftspartner einzustellen, und ich fühlte mich immer wohler in der Rolle des „Leaders".

Eine Lektion, die ich in dieser Zeit lernen durfte, war folgende:

So wie die meisten Neueinsteiger und leider auch viele langjährig erfahrene MLM-/Vertriebskollegen sah ich mich anfänglich als der Hüter und Pfleger meines ersten und einzigen Schatzes, will heißen, ich betreute und schulte, coachte und beschützte meinen ersten Mitarbeiter bis zum „Erbrechen". Da er durch seine erbrachte Leistung auch an Ego und Persönlichkeit gewachsen war, ließ er mich in vielen Situationen unmissverständlich wissen, dass dies von ihm nicht gewünscht war. Durch viele Gespräche mit meinem Coach und von der eigenen Intuition geleitet, erkannte ich diese Situation glücklicherweise noch rechtzeitig und konzentrierte mich ab diesem Zeitpunkt zu 100 Prozent auf den „Anbau" neuer Geschäftspartner. Ich konzentrierte mich nur noch auf neue Partner und störte meinen besten Mann ab diesem Zeitpunkt nicht mehr. Eine Erkenntnis, die ich jedem im Vertriebsaufbau befindlichen Kollegen lieber zu früh als zu spät wünsche und gleichzeitig ausdrücklich ans Herz legen möchte. Denn:

„Es gibt kein Problem im Struktursystem, das nicht durch neue „direkte" Geschäftspartner lösbar wäre!" Definitiv keines!

Wie oben schon erwähnt, gelang mir die Rekrutierung neuer direkter Partner hauptsächlich, weil die Zeit dafür reif war und ich mein Blickfeld nur noch auf das Thema Multiplikation und Expansion richtete. Gedanklich fokussierte ich mich auf ein wachsendes Unternehmen, kommunizierte meine Wachstumsambitionen nach „unten" und „oben" und trat auch meinem Umfeld gegenüber entsprechend auf. Die Strategie, mich gegenüber anderen zu bestimmten Leistungen zu verpflichten, funktionierte bei mir immer ziemlich gut und setzte auch in diesem Falle eine Menge neuer Energie und Motivation frei.

Unterm Strich wuchs meine Mannschaft zu diesem Zeitpunkt wie von Geisterhand auf ungefähr acht Mitarbeiter an, und es machte riesigen Spaß, die positiven Entwicklungen fast täglich mitzuverfolgen. Ich verdiente jetzt 80 Prozent meines Einkommens über bestehende Geschäftspartner, erlangte fast verlorene Anerkennung zurück und - was noch viel wichtiger war - ich hatte auch Partner in der zweiten und dritten Ebene.

Mein Fundament wurde fester

So langsam, aber sicher veränderten sich auch mein Auftreten und mein Image in der Öffentlichkeit. Meine goldenen Ohrringe entfernte ich zwar widerwillig, aber ich sah ein, dass ich mir durch mein sehr „sportives" Aussehen viele Chancen selbst vereitelte und zusätzliche Steine in den Weg legte. Des Weiteren kleidete ich mich öfter dem geschäftlichen Anlass entsprechend und lernte, das gute Gefühl, einen etwas teureren und gut sitzenden Anzug zu tragen, zu schätzen. Meine Sprache wurde nach und nach gewählter und viele Menschen, die mich kannten, bescheinigten mir die positive Entwicklung meiner Persönlichkeit. Auch bei mir schien die Aussage:

„Vertrieb macht aus Kerlen Männer, und aus Männern Geschäftsleute!",

ohne Abstriche zuzutreffen, für Frauen gilt das übrigens auch. :)

Deswegen kann ich heute auch aus tiefster Überzeugung sagen, dass die Ausbildung, Schulungen und Meetings, die ich damals besucht habe, zu den besten gehörten, die ich jemals erleben durfte. Im Bezug auf Selbstständigkeit, freies Unternehmertum, Menschenkenntnis, Psychologie, Verkauf und das Führen von Mitarbeitern habe ich in dieser Zeit überproportional viel gelernt. Ich weiß mittlerweile, dass auch andere etablierte Vertriebe, Struktursysteme und MLM in diesem Bereich eine ähnlich hochwertige Ausbildung anbieten. Das Allerbeste an den vorherrschenden Arbeits- und Geschäftsbedingungen ist jedoch die unerschütterlich positive Einstellung, die man hier vorfindet. Strukturvertrieb formt und entwickelt Persönlichkeiten! Alles ist möglich!

Auf der Suche nach mehr

Getrieben von immer neuen Incentives, dem Streben nach höherem Verdienst und nicht zuletzt von meinen großen Zielen, machte ich mir zu diesem Zeitpunkt immer mehr Gedanken, wie ich noch schneller an noch mehr Potenzial für geeignete Geschäftspartner kommen könnte.

Meine Namensliste war nach ungefähr einem Jahr komplett abgearbeitet, und es gab in meinem direkten Umfeld kaum einen Mitmenschen, der nicht schon von mir persönlich über die Produkte oder die mögliche Karriere in meinem Unternehmen informiert worden wäre. Es ergaben sich im Nachhinein tatsächlich viele Nachfolgegespräche, und ich gewann Menschen als Kunden, die eigentlich als Mitarbeiter gedacht waren. Ein Beweis dafür, dass sich die Aufklärungsarbeit, die ich vor Monaten geleistet hatte, nun in bare Münze verwandelte. Ein weiteres Vertriebsgesetz trat in mein Leben. Ich erkannte, dass sich in Struktursystemen oder MLM die Arbeit von heute meistens erst in ein paar Wochen oder Monaten in Form von Verdienst bemerkbar macht. Vorausgesetzt, man hat gearbeitet. Hier sollte man auf keinen Fall die Realität mit den Tatsachen verwechseln, denn in Kreisen von Networkern und Strukturvertriebsmitarbeitern kursiert zuweilen eine Krankheit, die sich „Illusionäre Verkennung" nennt. Sie wissen schon, was ich meine. :)

Die guten Einnahmen aus dieser Zeit waren die eine Seite, aber im gleichen Zeitraum stagnierte die Expansion, da ich den größten Teil meiner verfügbaren Zeit wieder mit Beratungen und Kundengesprächen beschäftigt war. Meine Mannschaft wuchs nicht mehr.

Nur zur Info: Mein Aktivitätsindex kippte in dieser Zeit zugunsten der Verkaufsaktivitäten.

Erst: 80 Prozent der verfügbaren Zeit in Expansionsaktivitäten und 20 Prozent in den Eigenverkauf

Nun: 20 Prozent in Expansionsaktivitäten und 80 Prozent in den Eigenverkauf

Ich glaube, man muss kein Ökonom sein, um zu erkennen, dass meine Resultate nur ein Spiegelbild meiner Aktivitäten waren, aber manchmal tut man Dinge, die zwar okay sind, aber keinesfalls zielführend.

Deswegen rate ich Ihnen genau in diesem Moment: Überprüfen Sie, was Sie gerade tun, und entscheiden Sie, ob Ihre Aktivitäten zu Ihren Zielen passen.

Wenn nicht, nehmen Sie eine Kurskorrektur vor, passen Sie Ihre Aktivitäten an oder ändern Sie Ihre Ziele! Aber machen Sie sich um Gottes Willen nichts vor!

Ich entschied mich damals für eine Kurskorrektur und machte mich theoretisch und praktisch auf die Suche nach zusätzlichen Tools zur Mitarbeitergewinnung.

Im Bereich der Mitarbeitergewinnung durch Empfehlungen hatte ich zwar schon Erfolge, war aber nicht zufrieden mit der Anzahl der Kontakte. Da ich nicht mehr so oft im Beratungsgespräch war, verringerten sich auch automatisch die Chancen, einen Kunden nach Geschäftspartnerempfehlungen zu fragen. Zudem hatte ich auch ein paar schräge Erlebnisse mit „Empfohlenen", ich glaube darüber könnte ich ein weiteres Buch schreiben.

Auch mit der telefonischen Kalt-Akquise habe ich gute Erfahrungen gemacht und muss sagen: Alles bestens! Der einzig unbefriedigende Aspekt war wieder einmal die Quantität. Außerdem schien mir das Ganze ziemlich unpersönlich. Ich mochte es nicht, wenn ich nicht wusste, ob nun Rübezahl oder eine andere Märchengestalt zum Bewerbungsgespräch kam ...!

Spaß beiseite! So richtig kam ich nicht in Fahrt und war auch nicht bereit, geschweige denn in der Lage, Unmengen an Geld für Anzeigen oder Ähnliches auszugeben.

Trendwende - Auf zu neuen Taten!

Die Lösung meiner Probleme sollte sich wie so oft im Leben in ganz anderer Form ergeben. Zu diesem Zeitpunkt war ich einmal pro Woche mit meinem Coach zusammen in Leipzig unterwegs. Dort fand die zentrale Ausbildung unseres Teams statt, und ich bekam auch Input von befreundeten Geschäftspartnern, die nicht zu unserem Team gehörten. Zusätzlich gab es viele Gastreferenten, die ihr Wissen motivierend und bereitwillig auch anderen Kollegen zur Verfügung stellten. Noch heute erinnere ich mich gern an die Tage in Leipzig, denn egal wie meine Stimmung war, nach dem Meeting war sie immer besser. Eine essenzielle Lehre aus diesen Tagen war die, dass Meetings im MLM oder Vertrieb absolut lebenserhaltend sind. Für mich waren es immer „seelische Tankstellen" ... man kann sich einfach der positiven Stimmung nicht entziehen. Zu einem späteren Zeitpunkt verstand ich dann auch den Hintergrund der Aussage: *„Meeting geht immer vor Umsatz!"*.

Merke: Steigt die Beteiligung Ihrer Mitarbeiter an gemeinsamen Meetings, so steigt automatisch Ihr Gruppenumsatz!

In den oben besagten Treffen gab es eines Tages auch einen Referenten, der über ein mir bis dato völlig unbekanntes Thema sprach. Es ging dieses Mal nicht um das Thema Umsatz und Verkauf, sondern um die Möglichkeit, neue Geschäftspartner zu gewinnen. Auch das wäre grundsätzlich nichts Unbekanntes gewesen, aber dieses Mal war das Thema für mich überhaupt nicht greifbar, geschweige denn verständlich. Es war zirka 90 Minuten lang die Rede davon, fremde Menschen im öffentlichen Leben mit einem flotten und interessanten Spruch auf sich aufmerksam zu machen und sie für unser Geschäftsmodell zu interessieren. Die ganzen theoretischen Ausführungen wurden mit viel Motivation vorgetragen, und am Ende des Meetings wurde ein junger Mann aus der letzten Reihe nach vorn gebeten, den ich die ganze Zeit über gar nicht bemerkt hatte. Dieser Kollege sorgte in unserer Runde für einiges an Erstaunen, denn er stellte sich als der Geschäftspartner des Referenten vor und schilderte, wie er auf die soeben vorgetragene Weise in einem Leipziger Café angesprochen worden war, seine Kontaktdaten ausgetauscht hatte, zum Sponsorgespräch gekommen war, und zum absoluten Erstaunen der Anwesenden seit kurzer Zeit sehr erfolgreich in unserer Organisation tätig sei: Das Allerbeste daran: Er war erfolgreicher als alle anderen im Raum.

Schock?, Erstaunen?, Begeisterung? Ich kann es heute gar nicht mehr genau sagen, auf alle Fälle wollte ich mehr über dieses Thema erfahren, so wie die meisten bei diesem Treffen. Ich hatte nur leider an diesem Abend keine Gelegenheit mehr, mit dem besagten Kollegen/Referenten zu sprechen, denn der Andrang seiner Fans war zu groß. Wie ein Star wurde er von allen Seiten umringt und zusammen mit seinem Coach um die Weitergabe ihrer Erfahrungen gebeten.

Mir ging an diesem Abend auf der Heimfahrt viel mehr durch den Kopf als sonst, denn ich merkte, da hatte jemand den sprichwörtlichen Nagel auf den Kopf getroffen. Ich philosophierte im Auto mit meinem Coach und unzählige Fragen taten sich auf. Angefangen von:

- Wie geht so was?

- War das Zufall?

- Hatte der Referent besondere Fähigkeiten?

- Wie war die Vorgehensweise?

Bis hin zu ...
„Kann ich das auch?" — beziehungsweise — „Wäre das was für mich?"

Doch diese Fragen sprach ich nicht offen aus, ich behielt sie für mich. Etwas aufgewühlt kam ich zu Hause an und dachte noch lange über dieses „Mysterium" nach.

Wie viele von Ihnen vielleicht aus eigener Erfahrung wissen, war in diesem Falle das Bad sehr heiß und die Abkühlung sehr stark. Will heißen: Schon am nächsten Tag holte mich der Alltag ein, und ich war gedanklich mit vielen anderen Themen beschäftigt.

Was ich zu diesem Zeitpunkt noch nicht wusste, war die Tatsache, dass in diesem Meeting bei mir ein Samen auf fruchtbare Erde gefallen war. Dieser Samen sollte noch einige Zeit brauchen, bis er aufgehen würde, aber er sollte auch dafür sorgen, dass ich eine Fähigkeit entwickelte, die mir in den nächsten Jahren einen sehr guten Verdienst ermöglichte, mir Unmengen an Anerkennung einbrachte und heute die Basis für unser einzigartiges Seminar- und Trainingsbusiness darstellt.

Nicht zuletzt sollte diese Fähigkeit dafür sorgen, dass Tausende von bis dahin unbekannten Menschen mein Leben bereicherten, und dass ein Großteil meiner heute bestehenden privaten und geschäftlichen Beziehungen und Freundschaften auf die Ausübung und Anwendung dieser sozialen Fähigkeit zurückzuführen ist.

Ich spreche in diesem Moment vom:

„bewussten und vorsätzlichen Kennenlernen von Menschen"

Ja, Sie haben richtig gehört. Bewusst und vorsätzlich.

Damals hätte ich nicht im Traum daran gedacht, wie intensiv, qualitativ hochwertig und mit wieviel Spaß und Begeisterung ich diese Art der zwischenmenschlichen Kontaktaufnahme einmal ausüben würde ...

Es schien meine Bestimmung zu sein, dass ich zukünftig tatsächlich Menschen aus den unterschiedlichsten Schichten auf diesem Wege anzusprechen und für ein Gespräch über Zukunft, geschäftliche Weiterentwicklung, Karriere, Zusatzeinkommen oder ähnliche Themen zu interessieren vermochte.

Heute definieren wir aufgrund der Vielfalt und Ansichtsweisen der unterschiedlichen MLM, Vertriebe oder Systeme, die im Empfehlungsmarketing angesiedelt sind, diese oben genannte soziale Fähigkeit als:

Direktkontakt oder Direktansprache

Direktkontakt ist die soziale Fähigkeit einer Person, immer und überall mit Spaß und Niveau andere Menschen/ Geschäftspartner im öffentlichen Leben kennenzulernen. Die Kontaktaufnahme erfolgt bewusst und auf direktem/ kürzestem Wege. Das Resultat aus einem erfolgreichen Direktkontakt ist das Wecken von Interesse für ein Produkt oder eine Geschäftsangelegenheit und der beiderseitige Austausch von Kontaktdaten.

Voilá!

So weit zu unserer heutigen Definition und meiner ersten Berührung mit diesem Thema. Doch bevor ich es auf diesem Gebiet zu gebührlicher Klasse bringen sollte, war noch einiges zu tun. In diesem Falle nicht mehr und nicht weniger als bei anderen sozialen Fähigkeiten, wie dem „Verkaufen", „Führen von Mitarbeitern", „Sprechen vor Gruppen" oder „Telefonieren".

In den nächsten Tagen und Wochen sollte es sich so entwickeln, dass wir noch öfter in Leipzig unterwegs waren, denn mir gelang es, nach mehr als einem Jahr einen meiner besten Freunde (Sie erinnern sich bestimmt an meine Absagen vom Anfang :)) für mich und mein System zu gewinnen. Einer meiner größten Erfolge und ein ganz wichtiger psychologischer Sieg. Hatte ich doch damit endlich den Beweis dafür, dass sich höfliche Hartnäckigkeit am Ende tatsächlich auszahlt. Mir wurde zu diesem Zeitpunkt klar, welchen Wert die Aussage *„Jeder ist rekrutierbar ... nur nicht von jedem und zu jeder Zeit!"* hat. Seit dieser Zeit beobachtete ich noch intensiver die aktuelle Lebenssituation meiner Freunde und Bekannten, und ich sollte mit dieser Vorgehensweise auch in Zukunft sehr erfolgreich sein, denn mir gelang es, tatsächlich fast alle meine „wichtigsten Leute", und das waren nicht nur zwei Hände voll, nach und nach auf meine Geschäftspräsentation zu holen. Angefangen haben leider nicht alle :). Aber es kann heute keiner mehr sagen, ich hätte ihn nicht über die vielversprechenden Möglichkeiten informiert.

Was meine Aktivitäten in Leipzig betraf, so war ich seither auch oft in der Stadt, im Nachtleben oder einfach nur zum Einkaufen unterwegs. Meistens war ich im Doppelpack mit meinem Coach zugange, und es sollten sich noch weitere interessante Möglichkeiten für uns auftun.

Vorhang auf, jetzt geht's los!

Wie schon gesagt, waren wir oft in der Stadt unterwegs und beeindruckt von den unterschiedlichen Menschen um uns herum. Wir philosophierten über unseren gemeinsamen Erfolg und ließen es uns gut gehen. Oft kam der Gedanke auf, wie genial es wäre, doch nur ein paar von jenen Menschen für unser Business gewinnen zu können.

Eines Tages kam es dazu, dass mein Coach anfing, andere Menschen zu grüßen. Nicht dass dies etwas Besonderes gewesen wäre, aber es waren Menschen, die wir nicht kannten. Es waren unterschiedliche Typen, aber meist welche, die immer irgendwie aus der Menge heraus stachen. Persönlichkeiten, die eine positive Aura hatten, gut gekleidet waren oder in einer anderen Form auffielen. Anfänglich war ich schon sehr darüber verwundert, aber mit der Zeit war das total okay für mich. Auf mein Nachfragen bekam ich die Antwort, es sei doch gut, auch anderen Leuten einen „schönen Tag" zu wünschen und ein bisschen positive Energie zu verbreiten. Es kam sogar so weit, dass sein „Hallo!" oder „Guten Tag!" bei anderen Menschen überschwänglich gute Reaktionen hervorrief und wir diese „positive Energie" zurückbekamen. Wir wurden zurückgegrüßt. Einfach genial, schlichtweg sensationell. Das sage ich heute, denn damals habe ich den Sinn dahinter nicht verstanden.

Fast beiläufig zu seinem „neuen Hobby", andere Menschen zu grüßen, kam bald eine jedem von uns allen bekannte Situation.
Er fragte jemanden nach der Uhrzeit. Ich sagte zu ihm: *„Mensch, du hast doch selber eine Uhr."* Und er antwortete: *„Die ist stehen geblieben, die Batterie ist leer."*

Das war logisch, ich hatte keinerlei Fragen. Diese traten aber schon wenig später auf, als er die Frage nach der Uhrzeit wiederholte, und zwar immer und immer wieder. Ich sagte damals: *„Hey, du weißt doch jetzt, wie spät es ist."* Es folgte nur kurz und knapp: *„Ich wollte mal von jemandem anderen hören, wie spät es ist."* - Aha, dachte ich mir. Und er schien mir schon anzusehen, dass ich dafür keine Logik finden würde. Oder doch?
Zum Glück ist Selbsterkenntnis immer noch der erste Weg zur Bes-

serung, und die sollte auch mir in nicht allzu langer Zeit widerfahren. Es war nämlich mittlerweile so weit gekommen, dass auch ich aus Gründen der „positiven Persönlichkeitsentwicklung" und des Trainings meiner „Kommunikationsfähigkeit" andere, total fremde Leute grüßte und dass sich daraus und aus der Frage nach der Uhrzeit tatsächlich lustige Situationen entwickelten. Wir kamen hin und wieder mit anderen in lockere Gespräche, so nach dem Motto: „Woher kennen wir uns?", „Haben wir uns schon mal gesehen?", oder: „Sind Sie zufällig hier aus der Gegend?". Das Ganze war nicht mehr zufällig, sondern der Impuls dazu ging eindeutig von uns, beziehungsweise immer noch von meinem Coach aus.

Erinnern Sie sich noch an unsere Definition vom „Direktkontakt"? Er wird bewusst und von Ihnen ausgehend ausgeführt, er geschieht nicht zufällig!

An dieser Stelle sei schon einmal angemerkt, dass diese Vorgehensweise, so einfach wie genial, ein zentraler Baustein unseres heutigen **2beknown-6-Stufenmodells** zum Abbau der Kontaktangst ist.

Die Steigerung unserer damals noch recht einseitigen und kurzen Kommunikations- und Konversationsaktivitäten war dann irgendwann einmal die Frage nach einem Café. Auch den Sinn dieser Frage verstand ich am Anfang nicht so recht, denn ich kannte Leipzig fast wie meine Westentasche. Wenn man bedenkt, dass ich damals tatsächlich auch viele kleine Lokale, Cafés und andere Locations von sehr orts- und szenekundigen Leipzigern empfohlen bekam, die ich wirklich noch nicht kannte, hat sich das Nachfragen auch in dieser Angelegenheit gelohnt. Aber es diente zu diesem Zeitpunkt einem anderen Zweck.

Es gibt ein Sprichwort, welches besagt, dass man gewünschte Ergebnisse dann erhält, wenn man die nötigen Aktivitäten setzt und wenn die Zeit dafür reif ist. Nach dem Motto „Jeder bekommt, was er verdient", waren wir an einem Montagabend, sprichwörtlich gesehen, zur richtigen Zeit am richtigen Fleck. Wir sollten bekommen, was wir verdienten, und das ging so:

Die Urmutter aller meiner Direktansprachen

Nach unserem wieder einmal sehr motivierenden Montagsmeeting entschlossen wir uns noch kurzerhand dazu, die Stadt am Abend etwas unsicher zu machen. Wir fuhren ganz gediegen im schwarzen 7er-BMW (das war der Nachfolger vom besagten 5er, der mir den Kopf verdreht hatte) meines Coach durch die Leipziger Innenstadt und erblickten fast zeitgleich einen jungen und sehr dynamischen Mann mit einem Sportrucksack, der sich gerade mit seinem Mountainbike in Bewegung setzte. Wir fuhren im Schritttempo an ihm vorbei und irgendwie trafen sich unsere Blicke. In diesem Moment trat mein Coach auf die Bremse, stoppte das Auto und winkte schon beim Herunterlassen der Scheibe zur anderen Straßenseite. Ich erinnere mich an diese Situation, als wäre es gestern gewesen, denn danach änderte sich vieles in meinem Leben.

Mit den Worten:
„Entschuldigung, können Sie mir vielleicht kurz helfen?", wurde der junge Mann herbei gewunken und nachdem er uns gesehen hatte, wechselte er mit einem breiten Grinsen die Straßenseite. Nach wenigen Sekunden stand er direkt an unserem Auto und steckte seinen Kopf mit den Worten *„Wo brennt´s?"* durch das Fahrerfenster.

Na so was, der ist ja echt progressiv, dachte ich mir, aber schon im nächsten Moment ging das Gespräch weiter:
„Bist du zufällig hier aus Leipzig oder Umgebung?", und er antwortete mit: *„Ja, was wollt Ihr denn?"*
„Wir sind neu hier in der Stadt und suchen einen guten Laden, wo wir heute Abend ein wenig feiern können. Kannst du uns da etwas empfehlen?"
„Oh, das ist ganz einfach. Worauf steht Ihr denn?", war seine Rückfrage.
„Wir suchen etwas, wo gute Musik läuft und wo junge Leute unterwegs sind ...!"
Mit dieser konkreten Beschreibung unserer Wünsche hatten wir bei ihm ins Schwarze getroffen, und er fing ohne Punkt und Komma an, uns die absoluten Top-Locations der Leipziger Nacht- und Club-

szene aufzuzählen. Nach dem Motto: „ ... *wenn ihr das wollt, müsst ihr dahin, und wenn ihr dies wollt, müsst ihr dorthin gehen* ...", gab er uns eine mehr als detaillierte Beschreibung der ihm bekannten Läden. Mehr noch, wir hatten innerhalb kürzester Zeit alle Informationen zum vorgeschriebenen Dresscode, zum jeweiligen Getränkeangebot und zu den Eigenarten des dort verkehrenden Publikums. Einfach Wahnsinn, dachte ich, und in diesem Moment, ich hatte es noch nicht zu Ende gedacht, wurde er mit der Frage „*Sag mal, du redest doch gerne, was machst du denn beruflich?*" konfrontiert. Er sagte, er sei Student der BWL und nebenher als studentischer Unternehmensberater tätig.

Mein Coach sagte: „*Na, das trifft sich ja prima, wir machen was Ähnliches. Du würdest glatt in unser Team passen!*" :)
„*Aha, in welches Team denn?*"

Die Antwort, die er bekam, war prompt und der beste Beweis dafür, dass eine gute **„Elevator-Pitch"** durch nichts zu ersetzen ist.
„*Wir arbeiten im Geldgeschäft für eine renommierte deutsche Firma und bauen hier gerade eine neue Niederlassung auf. Wir sind verantwortlich für die Bereiche Personal und Ausbildung. Ist es denn für dich interessant, zum Studium noch etwas dazuzuverdienen?*"
Schon in diesem Moment sah ich die Dollarzeichen in seinen Augen, und er fragte: „*Was gibt es denn da zu tun?*"

Wir erklärten ihm, dass es verschiedene Möglichkeiten gäbe, wir ihn aber grundsätzlich im Bereich Teambetreuung, Organisation von Ausbildung oder Ähnlichem sehen würden, und auf die Frage, ob er gut mit Menschen umgehen könne, folgte ein sofortiges „*Ja, natürlich!*".
„*Dann sollten wir uns unbedingt mal unterhalten. Hier hast du meine Visitenkarte*", sagte mein Coach. „*Hast du eine Telefonnummer, unter der man dich erreichen kann?*"
Er sagte: „... *na klar*", und griff schon nach Stift und Zettel, die ihm durch die offene Scheibe entgegengehalten wurden.
Nachdem er seinen Namen und seine Nummer notiert hatte, bedankten wir uns noch für die ausführliche Information zum Thema

„Feiern in Leipzig" und sagten ihm, dass wir uns nächste Woche bei ihm melden und zum persönlichen Kennenlernen mit Besprechung des Jobprofils verabreden würden. Mit demselben breiten Grinsen, mit dem er gekommen war, und den Worten „ *... so, jetzt muss ich aber los.*", verabschiedete er sich und brauste mit seinem Rad davon.

Offenbarung/Erkenntnis

Ich glaube, dass ich nicht groß erklären muss, was jetzt in meinem Kopf abging. Noch dazu, als der Zettel mit den Kontaktdaten demonstrativ und lässig mit den Worten *„So, das ist unser nächster Mann hier in Leipzig!"* von meinem Sponsor in die Mittelkonsole seines Autos gelegt wurde. Da lag nun dieser Zettel und wich mir nicht mehr aus den Augen.

War das gerade eine Fata Morgana, Zufall oder Bestimmung? Ich sage Ihnen, was es war!:

1) Wir sind im öffentlichen Leben unterwegs.

2) Wir fragen einen Menschen nach einer Örtlichkeit (Location).

3) Dieser Mensch ist positiv und erklärt mehr, als wir wollen.

4) Es entwickelt sich ein Gespräch.

5) Es ist beiderseitig SYMPATHIE zu spüren!

6) Wir interessieren uns für ihn (Frage nach Beruf etc.).

7) Wir erklären ihm, was wir tun.

8) Wir offerieren ihm eine eventuelle geschäftliche Zusammenarbeit.

9) Er ist aufgeschlossen.

10) Wir tauschen Kontaktdaten aus.

11) Das war`s!

So weit kurz zum Ablauf unseres Gespräches. An sich eine ganz alltägliche Situation, für mich aber der erste richtige **Direktkontakt**, dem ich bewusst mit all meinen Sinnen beiwohnen durfte. In diesem Falle einer, wie er im Lehrbuch steht, astrein, total genial und ohne Ecken und Kanten.

Das Gute liegt so nah

Da macht man sich ohne Ende Gedanken über passende Gesprächsinteressenten und zukünftige Mitarbeiter, und dann sollte es so einfach sein! Nach diesem Gespräch glaubte ich, es wären unendlich viele, für mein Geschäft geeignete Menschen unterwegs. Sportliche junge Männer waren an allen Ecken und Enden zu sehen, und es schien, als würden sie nur darauf warten, von meiner Geschäftsidee zu erfahren.

Unter uns gesagt: Sie haben gewartet, warten heute immer noch und werden es auch in Zukunft weiterhin tun. Und zwar auf jeden von uns, zu jeder Zeit und an jedem Ort auf dieser Welt. Das ist die Einstellung, die Sie brauchen, wenn Sie im Kontaktgeschäft arbeiten. Ich möchte schon an dieser Stelle nochmals auf ein Zitat aus dem **2beknown-Buch „Direktkontakt - Die Offenbarung eines Mythos"** hinweisen, das da lautet:

Es gibt im Leben keine Sicherheiten, sondern nur Gelegenheiten!

Nach diesem Erlebnis kam logischerweise der Gedanke auf, solche Gesprächssituationen öfter herbeizuführen, und ich bin der Meinung, genau darum geht es. Ich wollte nicht mehr warten, bis sich Gelegenheiten bieten, ich wollte sie schaffen. Wir alle nutzen die eine oder andere Möglichkeit, wenn sie sich einmal anbietet. Aber wie oft passiert das?

- Hin und wieder?

- Gelegentlich?

- Ein Mal pro Woche?

- Alle 14 Tage?

- Im schlechtesten Falle sind wir oft schon so betriebsblind, dass wir sie gar nicht mehr sehen!

Das sind die Aussagen, die ich auf unseren Seminaren und Coachings zum Thema **DIREKTANSPRACHE** zu hören bekomme. Aber das reicht natürlich nicht aus, um schnell und ohne Zeitverlust möglichst weit an die Spitze des Karriereplans zu kommen und kontinuierlich zu expandieren. Das Ergebnis aus solchen sporadischen Treffen oder Gesprächen ist der eine oder andere Geschäftspartner, der alle paar Wochen mal „kleben" bleibt und dann noch mit viel mütterlicher oder väterlicher Liebe entnervt oder erdrückt wird. Unter diesen Bedingungen entsteht eher nur schlechte Stimmung als eine positive Dynamik. Diese wiederum lässt sich nur erzeugen, wenn Sie es schaffen, in einem kurzen Zeitraum mehrere Menschen gleichzeitig für Ihr Geschäft zu begeistern. Dann entwickelt sich ein genialer Teamgeist, eine motivierende Atmosphäre und ein positiver Wettbewerb unter den Partnern. Das Schönste an dieser Situation ist aber, dass Sie als Vorbild zeigen beziehungsweise dafür Sorge tragen, dass Ihr System funktioniert. Diese Tatsache stimuliert auch Ihre „NEUEN" und regt zum Nachahmen an.

Was mich persönlich betrifft, hätte ich dieses Wissen wie die meisten von uns sicherlich auch viel eher gebrauchen können. Aber es geht doch nichts über eigene Erfahrungen. :)

Einer nach dem anderen

Ab diesem Zeitpunkt war ich wirklich vom Kopf bis in die Zehenspitzen motiviert, mir auf beschriebene Weise neue Mitarbeiter zu beschaffen und in mein Geschäft einen Turbolader einzubauen. Ich wollte auf Teufel komm raus nur noch an den Umsätzen meiner Partner partizipieren und mehr noch, mir ein wirklich passives Einkommen über eigenständige, gewachsene Führungskräfte aufbauen. Manchmal stelle ich mir auch heute noch die Frage, warum dieses Erlebnis und die damit verbundene Erkenntnis nicht schon früher stattfanden, aber ich bin der Meinung, dass ich persönlich genau diese geschäftliche Situation und persönliche Reife brauchte, um den Weg zu 100 Prozent in Richtung Gruppenaufbau zu beschreiten.

In den nächsten Tagen und Wochen integrierte ich das Thema immer mehr in meinen täglichen Arbeitsablauf, und zu den bisher bekannten Themen wie Terminierung, Kundengespräche, Begleittermine zur Einarbeitung neuer Partner oder Coachinggespräche gesellte sich nun **„Das gezielte Kennenlernen von neuen, interessanten Persönlichkeiten".**

In der Praxis war ich nun zwei- bis dreimal in der Woche für jeweils zwei Stunden unterwegs und versuchte, mit möglichst vielen Menschen auf unterschiedlichste Art und Weise ins Gespräch zu kommen. Egal ob im Café, an der Tankstelle, beim Einkaufen oder einfach nur beim Stadtbummel, ich lenkte meine ganze Konzentration auf dieses Thema. Weiterhin versuchte ich, die Möglichkeiten, die sich im täglichen Leben boten, konsequent zu nutzen und zusätzlich ganz nebenher neue Chancen zu provozieren. Getreu dem Motto: *„Wo kann man denn hier in der Stadt gut italienisch essen ..."* oder Ähnlichem trainierte ich nun immer wieder meine „Kontaktmuskulatur". In dieser Zeit kultivierte ich auch sehr intensiv meine Fertigkeiten in Bezug auf Gesprächsführung, Argumentation, Deutung von Körpersprache, und ich baute Schritt für Schritt meine Kontaktschwelle ab. Eine wahnsinnig tolle Entwicklung tat sich auf, und es dauerte tatsächlich nicht lange, bis auch ich in diversen Gesprächen mit fremden Menschen meine ersten Telefonnummern und E-Mail-Adressen austauschte. Nachträglich gelang es mir dann auch irgendwann einmal, den ersten auf diese Art und Weise kennengelernten Partner für mein Geschäft einzuschreiben. Es sollten später insgesamt etwa 100 Kollegen im direkten und mehrere Hundert im indirekten Bereich sein, die auf diesem Wege unser Business kennenlernten und geschäftlich aktiv wurden. Wohlgemerkt, waren dies Menschen aus allen sozialen Schichten, Berufen und Einkommensklassen, angefangen vom Studenten bis hin zu absoluten Topverdienern, Unternehmern und High Potentials.

Toperlebnisse und mitreißende Geschichten

Auf den nächsten Seiten möchte ich Sie in die Welt der Direktansprache entführen und die Gelegenheit nutzen, Ihnen einige meiner besten Ansprachen, lohnenswertesten Gespräche oder einfach nur interessante Situationen nahezubringen. Ich bin für all diese Erlebnisse dankbar, denn sie haben dazu beigetragen, dass ich mich als Persönlichkeit entwickeln durfte, dass ich eine tolle Menschenkenntnis erlangt habe, dass ich lernen durfte, was möglich ist (und das ist einiges), und dass ich zu guter Letzt einen Großteil meines heutigen Freundeskreises dadurch kennengelernt habe.

Ich habe dabei eine Menge Spaß gehabt und die Gelegenheit genutzt, um die verschiedensten Menschen zu studieren und zu analysieren. Viele dieser Menschen haben dazu beigetragen, dass mein zweites in München aufgebautes Vertriebsteam Ende des Jahres 2004 auf zirka 120 Partner angewachsen war und ich mit meiner Mannschaft den stärksten Umsatz meiner damaligen Leistungskategorie produzierte. Dafür wurde ich mit einer der höchsten Auszeichnungen meiner ehemaligen Organisation geehrt. Fast alle damaligen Mitarbeiter wurden durch die Nutzung des Tools **„Direktkontakt"** aufgebaut.

Sonderkonditionen

Meine ersten Ansprachen erfolgten immer unter Zuhilfenahme einer Frage an bestimmte Personen, die mir in irgendeiner Form positiv aufgefallen waren. So ergab es sich oft, dass ich beim Stadtbummel Menschen erspähte, die optisch einen sportlichen Eindruck machten und zu denen ich mich wegen meiner eigenen Betätigung in der Fitnessbranche immer hingezogen fühlte. Optische Erkennungsmerkmale solcher Leute sind zum Beispiel eine gute Bräune, trainierte Arme oder Brustmuskulatur, bunte oder enge Sportklamotten. Langer Rede kurzer Sinn, man erkennt sie halt. :)

Hin und wieder machte ich mich jetzt daran, genau solche Jungs nach einem guten Fitnessklub oder Restaurant zu fragen, und bat sie um eine Empfehlung. Wenn ich dann im Gespräch den Eindruck hatte, dass die Chemie stimmte und mein Gegenüber ein guter Kommunikator ist, nutzte ich oft die Gelegenheit, um auf mein Business überzuleiten. So auch an einem schönen Sommertag noch relativ am Anfang meiner „Kontakterkarriere". Wieder einmal war ich noch vor unserem Meeting ein wenig in der Stadt unterwegs, als plötzlich aus einem Café auf Leipzigs Flaniermeile ein etwas kleinerer, aber sehr gut gebauter Mann auf den Gehsteig trat. Er sah sehr souverän aus, und es war nicht zu übersehen, dass er Sportler war. Irgendwer oder irgendetwas sagte mir in diesem Moment unterbewusst, das er der Richtige sei, und ich trat mit der Frage auf ihn zu:
„Hallo, sind Sie zufällig hier aus Leipzig?". Er nickte cool und sagte nichts.
„Wie ich sehe, machen Sie Sport!", mache ich weiter und grinse ihn total breit an. Er antwortet: *„Ein bisschen."* Und grinst zurück.
„Warum fragst Du?"
„Ich bin momentan geschäftlich sehr oft hier in Leipzig und suche ein gutes Fitness-Studio, du siehst aus, als kennst du dich aus und könntest eins empfehlen, hast du vielleicht einen Tipp für mich?"
Genauso cool, wie er aussah, sagte er: *„Heute ist dein Glückstag, ich habe zufällig selber eines."*
„Oh, da habe ich mich also nicht getäuscht ...", machte ich weiter, und so entstand ein Gespräch über Sport und Training und dies und das. Am Ende tauschten wir die Visitenkarten aus und ich wurde auf einen Protein-Shake in seinen heiligen Hallen eingeladen.

Beim späteren Besuch seines Studios erklärte ich ihm, damals jedoch noch etwas plump, was ich mache, und dass ich gerne mit ihm zusammenarbeiten würde. In diesem Falle war ich leider nicht erfolgreich, was mein Hauptgeschäft betraf. Der Vorteil aus dieser Aktion lag für mich jedoch darin, dass ich seine Anlage in Zukunft zu Sonderkonditionen nutzen durfte. Zwar noch kein perfekter Deal, aber immerhin eine Ersparnis für mich ...!

Obwohl ich jetzt in sportlicher Hinsicht in festen Händen war, sprach ich übrigens auch weiterhin sportive Männer und Frauen an, um mir ein Studio empfehlen zu lassen ... Sie wissen schon warum!

München - The Beginning

Meinen ersten Tag in München würde ich heute unter der Rubrik „spektakulär" einordnen. Die ersten Eindrücke von dieser Stadt waren für mich überwältigend, wahrscheinlich auch deshalb, weil ich emotional sehr empfänglich war. Meine Ankunft in der bayerischen Metropole sollte aus vertrieblicher Sicht gesehen von einer Topleistung begleitet werden. Nach dem Verlust meines fast kompletten Teams in Leipzig war ich nun noch einmal hoch motiviert, hier in Bayern richtig auf die Tonne zu hauen und die „Aufbauhilfe West" zu unterstützen. :)

Ich hatte mich gegenüber meinem kompletten Umfeld zu diesem Ortswechsel bekannt und verbal angekündigt, dass mit mir in den nächsten Wochen wieder zu rechnen sei.

Heute weiß ich, dass damals die meisten eher mit meinem Scheitern rechneten, als mit meinem Erfolg. Allerdings wusste ich auch, dass ein paar wenige in Gedanken bei mir waren und an mich glaubten. (Manchmal, und gerade in unserer Branche, ist es sehr wichtig, dass Menschen an einen glauben, wenn man vielleicht selbst ein bisschen an sich zweifelt.) Was mich persönlich betraf, hatte ich in dieser Situation einfach keine Zeit zum Zweifeln.

Ich hatte auch keine Zeit für Probleme! Ich hatte in diesem Moment das sprichwörtliche „Löwenherz" und das unbändige Verlangen, aus diesem Match als Sieger hervorzugehen. Dieses Verlangen und diese Einstellung sollten wir alle viel häufiger entwickeln, denn sie lassen eine Tatenergie entstehen, die Unmögliches möglich macht.

Hier mein Bericht darüber:

Während ich es bisher gewohnt war, pro Tag zwischen ein bis drei neue Menschen kennenzulernen und deren Kontaktdaten zu erhalten, schien mir diese Zahl für mein jetziges Vorhaben viel zu gering. Wenn man davon ausgeht, dass unterbewusst immer ein kleiner Zweifler an uns nagt, der sagt:

1) „Naja, du musst dich erst mal in Ruhe umschauen."

2) „Nur nicht überdrehen und cool bleiben (übersetzt: ... schön ruhig angehen lassen)."

3) „Erst mal die Mentalität und Gegebenheiten von Land und Leuten kennenlernen."

4) „Bloß keine Fehler machen, alles muss perfekt sein."
halte ich meine damalige Planung von zehn Kontakten am ersten Tag schon für gut.

Nach meiner ersten Ansprache und dem ersten Kontakterfolg an einer Münchner Tankstelle entschied ich mich jedoch dafür, Außergewöhnliches zu leisten. Mir hatte soeben ein selbstständiger Architekt, der mit einer Premiumlimousine unterwegs war, seine Kontaktdaten aufgeschrieben und sich mit den Worten *„Okay, ich freu mich auf unser Gespräch, wir telefonieren dann!"* verabschiedet, da saß ich bereits wieder in meinem Benz und steuerte, damals noch ortsunkundig, durch den Stadtteil Schwabing. Das einzige Indiz dafür, dass ich in München angekommen war, war die hohe Dichte an Luxusklassefahrzeugen um mich herum. Motiviert von meinem ersten Erfolg, stoppte ich meinen Wagen kurzerhand an der nächsten Seitenstraße und verließ den Pkw, um einen Passanten mit Krawatte nach der Leopoldstraße zu fragen.
„Entschuldigung, können Sie mir vielleicht kurz helfen. Ich suche die Leopoldstraße!"
„Ja natürlich!", antwortete er, *„Sie sind gerade von da gekommen, die Leo ist da vorne."*
„Aha", erwidere ich. *„Dann ist das hier schon das berühmte Schwabing!"*
„Ja, Sie sind mittendrin."
„Perfekt, ich hätte es mir eigentlich denken können, bei den vielen schicken Autos hier." :)
„Ja, in München fahren sie Porsche wie in anderen Städten den Golf", antwortete er und lachte.
Ich erwiderte sein Lachen und war schon fast wieder im Auto. Doch da fiel es mir wie Schuppen von den Augen. Da war doch noch was! Krawatte, Lachen, kommunikativ, denke ich mir. Der könnte passen,

und mit der Frage:
„Bei der Gelegenheit mal was anderes, sind Sie zufällig von hier, und darf ich fragen, was Sie beruflich machen?"
Er fragte: *„Wieso?"*

Ich sagte: *„Sie tragen Krawatte und sind sehr freundlich, ich nehme an, Sie arbeiten beruflich mit Menschen oder im kaufmännischen Bereich. Liege ich richtig mit meiner Vermutung?"*
Er erwiderte: *„Sie haben recht, ich bin Groß- und Außenhandelskaufmann …!"*
„So ein Zufall …", sagte ich, *„das trifft sich ja gut. Ich bin gerade in München angekommen und werde hier in den nächsten Wochen geschäftlich expandieren. Ich könnte noch Unterstützung von Menschen Ihres Formats gebrauchen!"*
„Was machen Sie denn?"
„Ich arbeite für eine große deutsche Versicherung im Bereich Personal und baue hier in München exklusiv einen neuen Geschäftsbereich auf."
„Aha …!"
„Ich suche Menschen, die sich beruflich verbessern wollen oder einen guten Zusatzverdienst anstreben."
Er sagte: *„Ich bin beruflich gut eingespannt, aber nebenher würde schon etwas gehen …! Was müsste ich denn dabei tun?"*
„Das ist jetzt auf die Schnelle schwer zu erklären, zumal ich unbedingt weiter muss. Was halten Sie davon, wenn wir in den nächsten Tagen einmal persönlich darüber reden?"
„Können wir machen, da bin ich aber gespannt."
„Ich auch", erwidere ich und reichte ihm meine Visitenkarte. *„Wie kann ich Sie telefonisch besser erreichen? Mobil oder Festnetz …?"*
Er sagte: *„Festnetz ist besser …"*, und ergänzte die 089/…, die ich schon auf die Rückseite einer meiner Visitenkarten geschrieben hatte.

„Danke für Ihre Hilfe, bis die Tage", verabschiedete ich mich, und mit einem festen Handschlag endete unser Gespräch.

Schon in der nächsten Sekunde saß ich wieder im Auto und setzte meinen Weg fort. Auf diese Art und Weise sammelte ich an diesem

Tag nicht die geplanten zehn, sondern 25 Telefonnummern von den unterschiedlichsten Leuten. Schon nach zirka sechs Stunden kannte ich Schwabing in und auswendig und hatte am Ende des Tages ein verdammt gutes Gefühl im Bauch.

Diese Leistung des ersten Tages wiederholte ich an den nächsten zwei Tagen und legte damit den Grundstein für die Rekrutierungs- beziehungsweise Sponsorarbeit der nächsten drei Wochen. Im Nachhinein sollte sich herausstellen, dass unter den Kontakten meiner ersten drei Tage in München tatsächlich schon ein „Rohdiamant" versteckt war... :)

Ein Rohdiamant

Eine Geschichte, die mir besonders am Herzen liegt, möchte ich in den nachfolgenden Zeilen rekonstruieren. Es war ein Moment, in dem ich ausgesprochenes Glück hatte, sagen die einen. Ich hingegen kann heute sagen, dass ich immer umso mehr Glück hatte, je fleißiger ich arbeitete. Nach der intensiven Analyse meiner persönlichen Situation und dem Gesetz der großen Zahlen vertrauend, war schlichtweg der Zeitpunkt dafür reif, einen sogenannten Rohdiamanten auszugraben. Das Entscheidende dabei war, dass sich dieser Rohdiamant anfänglich als gewöhnlicher Kiesel tarnte, und ich erst im Lauf von Monaten an einer unglaublichen Entwicklung teilhaben durfte.

Da ich mit dem Mann, um den es heute hier geht, sehr gut befreundet bin und auch erfolgreich zusammenarbeite, kann ich offen reden. Es war keine Entwicklung, sondern eine Metamorphose von der Raupe zum Schmetterling! Ein wunderschönes Beispiel dafür, dass Persönlichkeitsentwicklung eng mit den Zielen und der Einstellung eines Menschen einhergeht und maßgeblich von den inneren Werten einer Person abhängig ist.

Der Kontakt, um den es hier geht, war einer von den 75, die ich in den ersten drei Tagen nach meiner Ankunft in München machte. Ich war jeden Tag zirka 20 Stunden auf den Beinen und erkundete mit großer Begeisterung die Möglichkeiten der Stadt, die hiesigen Locations, Bars, Klubs, Restaurants, einfach alles, was es zu sehen und zu erforschen gab. So ergab es sich, dass ich auch in der weltberühmten Münchener Fußgängerzone unterwegs war und mich sehr von der riesigen Menschenflut beeindrucken ließ. Ich fühlte mich wie der Fuchs im Hühnerstall, der Tisch war also reich gedeckt. Ich musste nur noch zugreifen. Doch ich kann Ihnen aus eigener Erfahrung sagen, dass eine zu große Auswahl auch kein Segen ist. Wenn man bedenkt, dass ich in der ehemaligen DDR groß geworden bin und es gewohnt war, wenn überhaupt, einmal alle zwei Wochen zwischen Erdbeer- und Pfirsichjoghurt zu wählen, so war es jetzt, als hätten sich alle marktführenden Joghurthersteller dieser Welt zusammengetan, um mir ihre Angebote zu präsentieren. :) Eine schöne Metapher für die unerschöpfliche Vielfalt und Auswahl, die sich jedem von uns bietet, wenn man mit offenen Augen durch die Welt geht.

Meine Augen, das kann ich Ihnen sagen, waren an diesem Tag ganz besonders weit offen. Ich hatte schon einige junge, dynamische Mittzwanziger kontaktiert und konnte auf eine ansehnliche Tagesbilanz zurückblicken. Da trafen sich doch tatsächlich die Blicke zweier Menschen, die sich, so schien es, gesucht und gefunden hatten.

Ein junger, ungefähr zwei Meter großer Typ stand vor einem großen Münchner Kaufhaus und schaute sehr intensiv zu mir herüber. Da ich es mittlerweile gelernt hatte, solche „Blicke" zu sehen und auch zu erwidern, schaute ich entsprechend intensiv zurück, und siehe da: zwei Paar Augen blieben aneinander kleben. Irgendwie dachte ich, der passt, und machte wieder einmal den entscheidenden ersten Schritt.

Ich ging auf ihn zu mit der Frage:
„Sorry, kennen wir uns?"
Mit einer Mischung aus Zurückhaltung und Skepsis (wahrscheinlich wegen meines damals noch etwas gröberen Aussehens) antwortete er kurz und knapp mit „Nein".
„Ich habe gedacht, Mensch, dieses Gesicht kommt mir bekannt vor..."
Er musterte mich von oben bis unten und antwortete wiederum sehr kurz mit „Nicht, dass ich wüsste!"

Irgendwie musste ich das Gespräch am Laufen halten, und so entschloss ich mich, meine Ansprache wie bei so vielen vor ihm mit einem Kompliment fortzuführen, und sagte kurz und knackig:
„Weißt du, du hast eine sehr positive Ausstrahlung. Bist du zufällig aus München oder Umgebung?"
„Ja, ich bin aus Fürstenfeldbruck!"
„Na super, das gehört ja fast dazu...", machte ich etwas unbeholfen weiter und bemerkte, dass er etwas lockerer wurde.
„Ich suche ein paar dynamische Typen, die Lust haben, noch einen guten Euro nebenher zu verdienen. Was machst du denn beruflich?"
„Ich gehe noch zur Schule, worum geht's denn da bei euch?"
Ich denke mir, wow, der ist noch ziemlich jung. Aber meine An-

sprache (obwohl nicht perfekt) schien sein Interesse geweckt zu haben.

„Ich baue hier im Großraum München einen neuen Schulungs- und Marketingbereich für eine große deutsche Firma auf. Da suche ich noch Leute, die mich nebenher bei guter Bezahlung und freier Zeiteinteilung unterstützen. Ist so etwas ein Gesprächsthema für dich?"

„Ja, was müsste ich denn da tun?"

„Es gibt verschiedene Möglichkeiten und unterschiedliche Jobs bei uns. Da wir uns noch nicht persönlich kennen, würde ich vorschlagen, wir besprechen das Ganze einmal detailliert bei mir im Büro. Da kannst du genau prüfen, ob dich das Aufgabenprofil interessiert, und ich mache mir ein Bild darüber, ob du zu uns ins Team passen könntest. Was hältst du davon?"

„Das ist okay", war seine Antwort, und ich bestätigte auch meinerseits mit der Aussage:

„Gut, dann lass uns die Telefonnummern tauschen, ich melde mich dann bei dir, wenn ich wieder in München bin. Dann können wir einen Termin ausmachen, wo wir uns näher kennenlernen."

Ich überreichte ihm meine Visitenkarte und erhielt von ihm einen Zettel mit seiner Telefonnummer und der Namensaufschrift:

Rainer Gemmingen Freiherr von Massenbach

Bis dato hatte ich mir den Angehörigen einer Adelsfamilie tatsächlich immer etwas anders vorgestellt, aber in diesem Falle hatten meine Annahmen wieder einmal die Realitäten verändert. Ein ganz normaler Typ, ohne goldenen Löffel im Mund, der sich ganz normal im öffentlichen Leben bewegt!

Was ich an diesem Tag noch nicht wusste, war die Tatsache, dass sich jener Schüler innerhalb von nur zwei Jahren zu meinem umsatzstärksten Geschäftspartner entwickeln sollte. Er wurde mein sogenannter „Kronprinz", ein Partner, der 20 Prozent an Unterstützung meinerseits erhielt und in Spitzenzeiten mit seiner Mannschaft für 80 Prozent des gesamten Strukturumsatzes verantwortlich war! Das ist das „Pareto-Prinzip" in Reinform ... wenn es doch bei allen so wäre! :)

Nach oben rekrutieren

Nachdem die persönliche Kontakt- beziehungsweise Namensliste von Rainer von Massenbach professionell bearbeitet war, stand für ihn das Thema „Direktansprache" von potenziellen Geschäftspartnern ganz oben auf der Liste der zu erlernenden Fähigkeiten. Durch die Tatsache bestätigt, dass er selbst unser Geschäft auf diese Art und Weise kennengelernt hatte, und von der Vorbildfunktion vieler anderer Führungskräfte (allen voran mir selbst) bestätigt, wollte auch er ein Teil dieser gelebten Firmenkultur sein und erfolgreich daraus partizipieren.

Durch den Umstand, dass wir immer und überall mit den unterschiedlichsten Menschen ins Gespräch kamen und ich auch wirklich jede Gelegenheit nutzte, meinen „Kontaktmuskel" in seinem Beisein spielen zu lassen, war es ihm bald darauf ein dringendes Bedürfnis, es mir gleichzutun, und nur eine Frage kurzer Zeit, bis die ersten Erfolge zu verbuchen waren. Dass einer seiner ersten Kontakte gleich ein Volltreffer sein sollte, hätten wir selbst nicht zu träumen gewagt …! Wieder einmal der beste Beweis dafür, dass selbst positiv denkende Menschen wie MLM-Mitarbeiter oder Vertriebler wie wir eigentlich viel zu oft viel zu klein denken.

Ich erinnere immer wieder gern an das Thema „positive Einstellung", weil es ein Thema ist, das jeder zu jeder Zeit immer wieder optimieren kann. Gerade bei der „Direktansprache" ist eine positive Einstellung zwingend erforderlich, weil man wirklich immer wieder jene Menschen in sein Leben oder Geschäft zieht, die man verdient, oder anders, die man sich unterbewusst wünscht.

An einem schönen Spätsommertag, den wir für einen gemeinsamen Stadtbummel nutzten, stimmte wahrscheinlich unser beider Einstellung, denn wir lernten einen sehr interessanten Menschen kennen. Wenn ich mit Rainer unterwegs war, waren unsere Augen immer besonders sensibel für die Dinge, die Männern besondere Freude bereiten. Luxusautos und deren Fahrer beziehungsweise Fahrerinnen standen auf der Liste unserer Begehrlichkeiten ganz oben, und so war es schon Standard, dass wir beim Anblick eines Ferrari, Lamborghini oder Porsche Turbo immer eine Gedenkminute einlegten und uns gedanklich schon auf die Fahrersitze dieser Traumboliden beamten.

An diesem Tag sollte es so sein, dass wir mit dem Fahrer eines nagelneuen BMW M3 mit Schweizer Nummernschild ins Gespräch kamen. Und das ging so:
Wir wurden bei unserem Spaziergang durch die Stadt unweigerlich aus unserem Gespräch gerissen, weil uns das hochtourige Motorengeräusch eines einparkenden M3 eine Gänsehaut über den Rücken jagte. Ein geschäftlich gekleideter Mann stieg aus dem gerade verstummten „Muskelpaket", und man merkte an seiner Aura, dass er sich seiner Wirkung auf die Außenwelt und seines Erfolges absolut bewusst war.
Im Moment seines Aussteigens sagte ich zu Rainer:
„Der wäre doch auch etwas für uns ...", und deutete auf den M3.
Ich hatte noch nicht richtig zu Ende gesprochen, da stand Rainer schon direkt neben dem Fahrzeug und sagte mit leuchtenden Augen zu dessen Fahrer:
„Entschuldigung, darf ich Sie kurz etwas fragen?"
„Ja, gerne doch!", war seine überraschend offene und positive Antwort.
Rainer machte weiter mit den Worten: „Ein toller M3, das ist mein Traumauto! Sie sind noch sehr jung, darf ich fragen, was Sie geschäftlich so machen, um sich einen so tollen Wagen leisten zu können?"
„Aber natürlich!", antwortete er. „Ich bin selbstständig und habe mehrere Firmen. Ich habe mehrere Callcenter und bin im Internetbusiness erfolgreich."
Rainers Antwort war zu diesem Zeitpunkt wahrscheinlich eher intuitiv und spontan, als überlegt, aber heute gehört sie ins Standardrepertoire eines jeden Kontakters.

„Das ist ja toll, wir sind nämlich auch Unternehmer und arbeiten im Bereich Sales und Vertrieb. Wir unterhalten uns gerne mit anderen noch erfolgreicheren Geschäftsleuten. Vielleicht gibt es ja Kooperationsmöglichkeiten oder geschäftliche Synergien?"

Mit den Worten: *„Warum nicht, da sollten wir bei Gelegenheit mal reden!"* und der Körpersprache eines Siegers überreichte er unaufgefordert seine Visitenkarte und ging damit in die Geschichte unserer besten Kontakterlebnisse ein.

Dieser höchst erfolgreiche Mann war einer der ersten selbst rekrutierten Geschäftspartner von Rainer von Massenbach, nahm auch tatsächlich an unserer zweitägigen Geschäftspräsentation teil und schickte schon im nächsten Monat zwei seiner engsten Businesskollegen aus Zürich direkt nach Bayern auf unser Einsteigerseminar.

Durch dieses Erlebnis motiviert, integrierte Rainer die Direktansprache fortan noch planmäßiger in sein Tagesgeschäft.

Auch heute noch kommen wir immer wieder besonders gern auf diese Art und Weise mit Menschen ins Gespräch. Mittlerweile ist es schon fast zur Sucht geworden, Menschen mit guten Autos anzusprechen und deren Erfolgsgeschichten zu erforschen. Das ist sehr gewinnbringend und spannend, denn die meisten von ihnen sind Unternehmer oder Persönlichkeiten, die in irgendeiner anderen Form eine interessante Geschichte zu erzählen haben.

Frage: *„Sind das nicht zufällig auch die Menschen, mit denen Sie sich viel öfter umgeben wollen?"*

Stars und Sternchen

Meine ersten Wochen in München waren von einer sehr konsequenten Arbeitsweise geprägt, und ich hatte quasi einen guten geschäftlichen Rhythmus gefunden. Es war mir ein Bedürfnis, schon am Morgen als einer der ersten im Office zu sein, es erfüllte mich mit Stolz, wenn ich schon das erste Bewerbergespräch hinter mir hatte, wenn andere Kollegen gerade mal mit verschlafenen Augen ins Büro kamen. Das Sprichwort „The early bird is catching the worm" sollte sich an einem wunderschönen Morgen im August wieder einmal bewahrheiten. Total gut gelaunt und für einen Vertriebler wieder einmal sehr früh, nämlich 8.30 Uhr, bog ich auf die Auffahrtsrampe des Parkplatzes unseres Büros. Ich konnte dieses Mal nicht wie gewohnt geradewegs durchfahren, denn eine mit zielstrebigen Schritten vorbei wogende Blondine versperrte mir die freie Durchfahrt. Als sie mich bemerkte, bequemte sie sich langsam, aber sicher auf die rechte Seite, sodass ich mit Schrittgeschwindigkeit an ihr vorbeifahren konnte. Im Moment des Vorbeifahrens bestätigte sich schnell mein erster Eindruck. Aus dem rechten Augenwinkel erkannte ich mit meinem „geschulten Kontakterauge" eine Lady von absolutem Topformat: dunkler Nadelstreifenanzug, Bluse, perfekt geschminkt und sehr selbstbewusst unterwegs!

Mensch, die würde gut in mein Team passen ..., dachte ich mir und als ich gerade zehn Meter an ihr vorbei war, stand ich auch schon auf der Bremse. Ich legte den Rückwärtsgang ein und fuhr langsam zurück. Aufgrund meiner Aktion war sie nun etwas langsamer unterwegs, und als wir wieder auf gleicher Höhe waren, stand ich schon mit einem fröhlichen *„Guten Morgen!"* und wieder einmal mit einem gewinnenden Lächeln neben meinem Auto. Sie erwiderte die Begrüßung etwas irritiert, aber ich erklärte mich und mein Anliegen sehr schnell.

„Ich bin extra wegen Ihnen noch mal zurückgefahren", sagte ich und lachte wieder, dass meine Ohren Besuch bekamen.
„Warum denn?", war ihre etwas verwunderte Antwort.
„Ich habe gerade meinen ganzen Mut zusammengenommen, um Sie direkt anzusprechen. Das ist vielleicht etwas unkonventionell, aber ich habe mir gerade gedacht, dass eine Frau von Ihrem For-

mat gut in mein Team passen würde!"
„Welches Team denn?", erwiderte sie, schon etwas interessierter.
„Ich bin Vertriebsmensch, arbeite im Geldgeschäft und bin verantwortlich für die Bereiche Vertriebskoordination und Ausbildung neuer Geschäftspartner. Ich betreue direkt hier ein neues Schulungsbüro, und wir sind stark am Expandieren. Ich kann jede Unterstützung gebrauchen."
„Und warum sprechen Sie mich da an?"
„Ich bin ein Mensch, der gern kurze Wege nutzt. Sie machen einen sehr geschäftsmäßigen und professionellen ersten Eindruck."
„Da haben Sie recht, ich arbeite als Assistentin der Geschäftsleitung einer hier ansässigen Firma."
„Mensch, da sollten wir unbedingt mal reden. Haben Sie ein Gespür für den Umgang mit Menschen und organisatorisches Feeling?"
„Das ist mein Job!", antwortete sie.
„Super. Dann würde ich Sie gern mal auf ein unverbindliches Gespräch in unsere Geschäftsräume einladen. Wir können uns dann geschäftlich näher kennenlernen. Ich erkläre Ihnen unsere Möglichkeiten und die verschiedenen Aufgabenprofile. Vielleicht mache ich Ihnen ja ein interessantes Angebot! Was halten Sie davon?"
„Ich weiß nicht genau!", antwortete sie und ich merkte intuitiv, jetzt muss ein schneller Abschluss her.

Ich sagte: „Wissen Sie was, hier ist mit Sicherheit nicht der richtige Ort, um über berufliche Möglichkeiten zu sprechen. Ich gebe Ihnen einfach mal meine Karte mit und wir telefonieren dann. Ist das okay?"
„Ja", sagte sie und nahm mir die Visitenkarte aus der Hand.
„Sie haben doch sicher auch eine Karte?", fragte ich schnell weiter, und genau in diesem Moment kramte sie aus ihrer Geldbörse eine Visitenkarte hervor.

Na prima, das war geschafft! Mit einem flotten Spruch: „Das mache ich übrigens immer so!", verabschiedete ich mich, und in genau diesem Moment schien auch bei ihr das Eis endgültig gebrochen zu sein.

Das Allerbeste kommt übrigens jetzt:

Nachdem zwei Tage vergangen waren, telefonierte ich mit meinem oben beschriebenen Kontakt, und mir gelang es tatsächlich, ein Einstellungsgespräch zu vereinbaren. Pünktlich zum vereinbarten Zeitpunkt erschien dann jene junge Frau, und es war, als wäre ein besonderes Event in unserem Office angesagt. Schon während unseres gemeinsamen Gespräches sah ich verschiedene Kollegen aufgeregt im Büro hin und her laufen. Es hatte den Eindruck, als würden sie über uns reden und ständig zu unserem Besprechungstisch herüberschauen. Ich war etwas irritiert, aber ließ mich dann doch nicht in meiner Gesprächsführung beirren. Ich präsentierte unser Geschäft, erklärte die gigantischen Marktchancen und fachsimpelte über Vergütungssystem und Ausbildung. Zu guter Letzt gelang es mir, sie verbindlich für eine unserer Geschäftspräsentationen anzumelden und die Pauschale für Spesen und Verpflegung vor Ort zu kassieren. Perfekt! Es schien, als hätte ich eine neue Geschäftspartnerin für mein Team gewonnen!

Aber in diesem speziellen Falle war mir ein ganz besonderer Fisch ins Netz gegangen. Nachdem sie unser Büro verlassen hatte, stürzte ein Kollege wie wild auf mich zu und sagte:
„Hey, Alter. Weißt du, wen du da gerade am Tisch hattest?", *„Nein"*, war meine etwas naive Antwort.
„Kennst du die nicht?", sprudelte es wie wild aus ihm hervor. *„Nein"*, erwiderte ich wiederum.

Jetzt rannte er wie von Sinnen zu seinem Aktenschrank, kramte ein Hochglanzmagazin hervor und präsentierte mir die neueste Ausgabe von Deutschlands bekanntestem Männerjournal.
Er warf das Heft provokativ auf meinen Schreibtisch und sagte:
„Die auf dem Titelbild, die war gerade da!"
Noch etwas ungläubig, aber trotzdem offen für seine Neuigkeiten, analysierte ich das Foto auf dem Titelblatt und erkannte tatsächlich Ähnlichkeiten. Aber noch konnte ich es nicht glauben.

Mein Kollege blätterte, mittlerweile sensationslüstern umringt von der kompletten Mitarbeitercrew, in die Mitte des Heftes und recherchierte den Inhalt auf Namen hin. Im gleichen Moment riss er mir die Quittung der Anmeldung zur Geschäftspräsentation aus der Hand und sagte: *„Siehst du, da steht's!"*

Nachdem ich den Bericht im Schnelldurchlauf überflogen hatte, erkannte ich sehr schnell die identischen Namen auf meiner Anmeldung und im Bericht des Magazins.
Dort war die Rede von einem Model und der Momentanfreundin eines der bekanntesten, deutschen Fußballer ... und ich konnte es kaum glauben.

In München laufen die Stars wirklich auf der Straße herum, in diesem speziellen Falle waren sie sogar bei mir im Büro ... :)

Gleich und Gleich gesellt sich gern

Einem Phänomen gleich stieß ich bei meinen Ansprachen in Bayern immer wieder auf Kollegen, die genau wie ich aus den neuen Bundesländern stammten. Manchmal hatte es den Anschein, ganz Sachsen und Thüringen beteilige sich mit mir an der „Aufbauhilfe West". In den Gesprächen mit diesen Menschen tat ich mich grundsätzlich immer sehr leicht, denn wenn ich auch nur den leisesten Anflug einer sächsischen oder thüringischen Silbe im Vokabular meiner Gesprächspartner entdeckte, entgegnete ich immer sofort mit der Frage:
„Der Dialekt, den Sie sprechen, der stammt aber nicht von hier. Oder?"
Oft war die Antwort dann ein lang gezogenes, warmes „Nee!", und in diesem Moment hatte ich schon gewonnen. Ich sagte dann meistens recht direkt und freudig:
„Mensch, ich bin auch aus dem Osten …!" und mit kurzen, knackigen Fragen wie: „Wie lange bist du schon in Bayern?", und: „Woher kommst du denn genau?",
war ich sofort in einem Talk unter Landsleuten. Oft habe ich dann fast beiläufig gesagt:
„Das ist ja prima, da sollten wir unbedingt etwas zusammen machen, hier unten …!", und in 99 Prozent der Fälle erhielt ich für diesen Vorschlag spontan Zustimmung.

Es gab keinen Landsmann und auch keine Landsfrau, mit dem/der ich in Bayern gesprochen hätte, ohne mit der Telefonnummer oder der E-Mail-Adresse nach Hause zu gehen. Niemand!

Identifikation und Verbundenheit im Herzen sind in der Tat gigantische Waffen. Die gleichen Wurzeln zu haben, erleichterte mir auch die Kontaktaufnahme mit einem heute sehr guten Freund. Damals sollte er sich zu einer tragenden Stütze meines ehemaligen Geschäftes entwickeln.

Ich war nach einem sehr intensiven Tag im Büro zu Fuß nach Hause unterwegs, als mir kurz vor meiner Haustür ein junger Mann mit sehr schnellen Schritten den Gehweg kreuzte und in Windeseile die Straße überquerte.

Irgendwie sah er aus, als ob er wüsste, was er wollte, und das gefiel mir!

„Hallo, kurze Frage", rief ich ihm noch in Richtung der anderen Straßenseite hinterher. Er stoppte und registrierte mich erst richtig, als ich mit dem Finger auf ihn zeigte und sagte: *„Ja, genau Sie ...!"* Er schaute überrascht und fragte: *„Was gibt's?"*
„Ich konnte Sie einfach nicht vorbei rennen lassen. Ich musste Sie einfach ansprechen. Sie sind so dynamisch unterwegs und machen einen sportlichen Eindruck. Sind Sie aus München oder Umgebung?"
„Nee, aber isch lebe hier!" Bingo, da war er wieder, der warme sächsische Slang. Mein Unterbewusstsein reagierte schnell und ich sagte: *„Na so was, da wird mir ja ganz warm um´s Herz. Dein Dialekt hört sich nach meiner Heimat an. Woher kommst du?"*
„Ursprünglich aus Chemnitz", antwortete er, und mir war, als würden wir uns schon ewig kennen.
„Super, ich komme nämlich aus Leipzig. So ein Zufall! Der Grund, warum ich dich anspreche, ist folgender. Ich bin seit ein paar Wochen hier in Bayern und gerade dabei, mein Geschäft zu erweitern. Ich könnte noch Unterstützung von Leuten mit deinem Format gebrauchen. Was machst du beruflich?"
„Ich bin Bankettmanager in einem der größten Hotels hier in der Stadt ...!"

Die Frage, ob er offen für eine berufliche Verbesserung oder einen lukrativen Zusatzverdienst sei, beantwortete er prompt mit „JA".
Der eigentliche Spaß, oder sagen wir mal, die eigentliche Herausforderung, begann allerdings erst bei der Aushändigung meiner Visitenkarte. Nachdem er das Logo und den Firmennamen erkannt hatte, kippte seine gute Stimmung schlagartig und er versuchte, mir mit aller Macht weiszumachen, dass die Firma, für die ich arbeitete, eigentlich pleite sei.

Für mich eine sehr schwierige Situation, denn rein faktisch hätte ich ihm beweisen können, dass er falsch lag ... aber hätte ich ihn dadurch für mich gewinnen können? Wohl kaum.

Ich entschied mich dafür, ihm vorerst recht zu geben, und fragte nach genaueren Infos, die er hatte. Ich sagte, dass ich ihn gut verstehen könne, und machte erst ganz am Ende seiner Ausführungen den Vorschlag eines persönlichen Kennenlernens und eines klärenden Gespräches. *(In vielen Kontaktgesprächen ist es genau wie im Verkauf sehr wichtig, dem Gesprächspartner grundsätzlich immer erst einmal recht zu geben, egal wie falsch oder unvollständig seine Argumente sind!)*

Dass ich mich damals für genau diese Vorgehensweise entschieden habe, war goldrichtig. Ich konnte diesen Menschen im Nachgang in mehreren persönlichen Gesprächen von mir und meinem Geschäft überzeugen. Er war später verantwortlich für ungefähr 25 Prozent meines Gesamtumsatzes. Ein gigantischer und sehr effizienter Verkäufer, der sich zur Führungskraft eines zehnköpfigen Teams entwickelte!

Wir lachen heute noch gemeinsam und herzlich über unsere erste Begegnung.

Personalcasting

Haben Sie schon mal ein Personalcasting gemacht? Nein, ich meine kein Assessment-Center oder ähnliche Auswahlverfahren, ich meine ein Personalcasting! Solche Castings gehörten bis dato in das Repertoire von Zeitarbeitsfirmen oder Betrieben, die Mitarbeiter im festen Angestelltenverhältnis suchen.

Bis zu dem Tag, als ich einem Menschen, der etwas verwundert war über meine Vorgehensweise der Ansprache (weil unkonventionell und ungewohnt), instinktiv und ganz spontan erklärte, er nähme gerade an einem Personlcasting unserer Firma teil, das genau an jenem Tag in den größten bayerischen Städten durchgeführt würde. Sie hätten mal sehen sollen, wie sich seine Körpersprache zum Positiven veränderte, und mit den Worten:
„Das ist ja toll, das ist ja mal eine komplett andere Herangehensweise. Prima!", empfing er mit höchster Aufmerksamkeit meine Message.
Zusätzlich untermauerte ich das Ganze noch mit der Aussage (die ja tatsächlich stimmt):
„Wissen Sie, wir haben mit dieser Vorgehensweise sehr gute Erfahrungen gemacht. Wir wollten neue Wege gehen. Denn wer ständig da langläuft, wo alle anderen auch langgehen, der kommt auch da an, wo alle anderen schon sind. Das wollen wir natürlich nicht!"

Meist erntete ich nach dieser Äußerung die freudige Zustimmung für dieses Konzept und wurde des öfteren sogar für meine besonders „innovative Art und Weise der Kontaktaufnahme" gelobt. Frei nach dem Motto: *„Wenn in Deutschland alle so arbeiten würden, dann ginge es mit der Wirtschaft endlich wieder bergauf."*

Nur zur Erklärung: Ich möchte mich hier auf keinen Fall in den Vordergrund spielen, vielmehr möchte ich Sie dafür sensibilisieren, viel öfter die Sprache der Menschen zu sprechen, die Sie als Partner gewinnen wollen. Im Fall der Direktansprache ist es so, dass die Variante, im öffentlichen Leben auf eine Geschäftsidee oder einen Zusatzverdienst angesprochen zu werden, im Denkkosmos der meisten Leute gar nicht existent. Die Vorstellung, an einem Personalcasting teilzunehmen, jedoch schon.

Das Ansprachemodell des Personalcastings bewährt sich besonders gut bei der großen Gruppe der „allwissenden" und besonders kritischen Studenten. Sie wissen schon, was ich meine ... :)

Wir nutzten in Leipzig und München oftmals so manch schönen und sonnigen Tag, um uns sogar mit mehreren Geschäftspartnern gleichzeitig in die Nähe der Uni´s zu begeben. Wir mischten uns dann ganz gesellig und locker in das ungezwungene Treiben, und gerade in den Pausen oder nach Vorlesungsende wurden Kontaktgespräche geführt, dass die „Heide" wackelte. Wir entwickelten mit der Zeit eine große Vorliebe für Studenten der Betriebswirtschaftslehre, Jura oder Studiengängen mit wirtschaftlichem Background. Geisteswissenschaftler, Psychologen (Sie erinnern sich bestimmt, ich war selbst mal einer.) und die Absolventen ähnlicher Studiengänge waren für uns immer schwer für eine Mitarbeit zu motivieren und stellten sich in der großen Menge als zu kompliziert heraus. Vielleicht hatte das auch etwas mit unserer eigenen Einstellung zu tun, zumindest hatte ich immer dieses Empfinden.
Na ja, wer glaubt, wird immer recht behalten. Warum sollte es bei mir anders sein?

Um Ihnen einen kleinen Eindruck von unserer Vorgehensweise zu vermitteln, hier ein Auszug aus so einem „Uni-Casting".

Wir hatten, was unsere Objekte der Begierde betraf, schon immer sehr genaue Vorstellungen, und so kam es, dass wir an diesem speziellen Tag nur männliche BWLer ansprachen, die sich schon auf dem Campus im Business-Outfit bewegten. Wir wussten, dass gerade jene, die sich schon während des Studiums über ein entsprechendes Auftreten und Outfit positionierten, die optimalen Gesprächspartner waren. Es waren sehr viele gute Typen Anfang 20 unterwegs, die mit ihren Anzügen und Krawatten schon in die Chefetagen einiger Großkonzerne gepasst hätten, aber sie hatten noch einen weiten Weg vor sich, und das wussten wir.
„Entschuldige, eine kurze Frage!", war meistens der Einstieg, um uns Gehör zu verschaffen.

„Du bist sehr gut gekleidet und machst einen businessmäßigen Eindruck! Studierst Du BWL oder Ähnliches?"
Meistens war die Antwort „Ja", und wenn nicht, machten wir trotzdem weiter.

„Wir machen heute ein großes Personalcasting für eine der größten deutschen Versicherungscompanys und sprechen auf diesem Wege speziell mit BWL-Studenten!"
„Aha", war dann die Antwort.
„Wir suchen speziell karriereorientierte, junge Menschen wie dich, die schon während des Studiums risikofrei und bei sehr guter Bezahlung Erfahrungen in der freien Wirtschaft sammeln wollen. Ist das für dich grundsätzlich ein Gesprächsthema?"
Für manche war das natürlich kein Thema, aber sehr oft folgte nach dieser Aussage ein neugieriges:
„Was müsste ich denn da tun, und wie läuft das mit der Zeiteinteilung ab?"
„Wir haben die verschiedensten Geschäftsbereiche zu besetzen. Wir bieten Stellen an im Bereich:

1) Beratung, Kundenbetreuung und Verkauf

2) Seminarkoordination, Vorbereitung von Schulungen und Unterstützung der Ausbildung

3) Betreuung und Organisation und Koordination von kleinen Teams

4) Personalführung/Vertriebssteuerung (bei spezieller Eignung)."

(P. S. Wenn Sie diese Punkte noch ins Englische übersetzen, klingt es noch mal so spannend. :))

Sehr oft trafen wir mit diesem Angebot, das wir durch eine spezielle Broschüre mit dem Inhalt der durch unsere Firma angebotenen Ausbildung belegten, den Nerv der Angesprochenen.
Abschließend machten wir den Interessenten klar, dass das noch kein Angebot sei, lediglich eine Vorauswahl.

„Im Moment können wir noch nichts versprechen, da du nicht der Einzige bist, mit dem wir heute sprechen. Aber wir können dich gern auf ein unverbindliches Kennenlerngespräch einladen, um gemeinsam die verschiedenen Möglichkeiten zu diskutieren."

Danach folgte der Austausch von Visitenkarten und Kontaktdaten. An diesem Tag gewannen wir auf diese Art und Weise ungefähr 20 Gesprächsinteressenten. Und das innerhalb von nur zwei Stunden und mit der Arbeitskraft von drei Geschäftspartnern. Da das Ganze noch keine Spitzenleistung darstellte (obwohl für einige Kollegen vielleicht schon sensationell), möchte ich noch kurz ergänzen, dass wir dies ziemlich oft durchführten, und dass die Termine für die oben genannten Kennenlerngespräche alle auf einen Nachmittag oder Abend gelegt wurden. Eine tolle Voraussetzung, um die besagten Kennenlerngespräche in einer echten „Bewerberatmosphäre" durchzuführen! Es war eben ein Personalcasting mit Vertriebsatmosphäre und keine One-Man-Show.

Der Schnellere gewinnt

Es hatte schon fast Tradition, dass wir allmorgendlich um zirka 9.30 Uhr vom Klappern und Rattern eines Geschirrservierwagens aus unserer einsetzenden Arbeitsroutine gerissen wurden. Um diese Zeit waren wir es gewohnt, dass uns allerlei leckere Dinge wie Brezen, belegte Semmeln, Joghurt mit Früchten oder auch Laugenstangen zum Frühstück angeboten wurden. Dieses Angebot fand auch immer regen Zuspruch, denn die Dame, die diesen „Brotzeitservice" ihr Eigen nannte, schien ihr Geschäft zu verstehen. Alle diejenigen Kollegen, die noch nicht von ihrem kleinen Glöckchen zum „Futterfassen" gelockt worden waren, wurden von ihr höchstpersönlich aus allen Ecken und Nischen unseres Großraumbüros zum Verkaufswagen zitiert. Da standen sie nun versammelt, die angehenden Jungunternehmer, und warteten brav wie die Schäfchen darauf, ihre Butterbrezen in Empfang zu nehmen.

Während der Wartezeiten musste sich die „Chefin" den ein oder anderen coolen Spruch eines profilierungsgeilen Machos gefallen lassen, den sie dann mit rhetorischer Schärfe, aber total unmissverständlich und freundlich wieder in die Schranken wies. Als der Sprücheklopfer dann an der Reihe war, wurde ihm mit viel Charme und Bestimmtheit zur eigentlich bestellten belegten Semmel noch ein Obstsalat und ein Joghurt dazu verkauft.

Ich hatte den Eindruck, das war ihre Art, sich für die vorausgegangenen lockeren Sprüche zu revanchieren und noch Geschäft dabei zu machen. Dass man so etwas so perfekt lösen kann, erlebte ich hier zum ersten Mal. Die Offenbarung des Cross-Selling in Perfektion :). Zum ersten Mal verstand ich auch wirklich den Unterschied zwischen einem Verteiler und einem Verkäufer. Mir wurde immer erklärt: *„Wenn du zum Bäcker gehst und fünf Semmeln verlangst, dann ist das in Ordnung. Gehst du dann auch mit fünf Semmeln nach Hause, dann war ein „Verteiler" am Werk. Gehst du aber mit fünf Semmeln, einem Brot und drei Stück Streuselkuchen nach Hause, dann war ein „Verkäufer" am Werk."*
Bei unserer Brotzeitdame hatte mich mit jedem Tag mehr und mehr das Gefühl, dass sie nicht nur eine gute Verkäuferin war, sondern sogar eine Vollblutunternehmerin. Sie machte zwar ihr Geschäft

nur im kleinen Stil, dies aber mit höchster Präzision und, wie mir schien, mit sehr guten Anlagen zur Führung von Menschen, beziehungsweise von Teams. Dies bewies sie täglich in den 20 Minuten, in denen sie zirka zehn bis 15 „Möchtegernunternehmer" mühelos dirigierte und koordinierte.

Immer wenn sie dann das Büro wieder verließ, machte ich mir tatsächlich Gedanken wie: *„Die hat es echt drauf"*, oder: *„... wäre schon genial, wenn ich so eine Powerfrau im Team hätte".* Und als wäre es Gedankenübertragung, äußerte doch genau in diesem Moment auch ein anderer Kollege sein Interesse an ihrer Person.

Da ich in meiner bisherigen Laufbahn als Vertriebsmensch gelernt hatte, dass es nicht darum geht, der Stärkere zu sein, sondern viel öfter der Schnellere, erkannte ich die Vorzeichen seiner Absichten und beschloss, sie bei nächster Gelegenheit sofort direkt anzusprechen. Als am nächsten Morgen das alltägliche „Futterfassen" begann, sah ich schon an der Körpersprache meines Kollegen, dass auch er vorhatte, zur finalen Ansprache anzusetzen. In diesem Moment musste ich reagieren und sagte schon während ihrer Verkaufsaktivitäten vorsorglich zu ihr:
„Wenn Sie dann fertig sind, würde ich gern noch mal kurz in einer anderen geschäftlichen Angelegenheit mit Ihnen reden!"

Mein Kollege hatte, glaube ich, durch meine sehr zielstrebige Ansprache verstanden, dass er aus dem Rennen war.
Im Verlauf der nächsten 15 Minuten verkaufte sie sehr routiniert ihre Backwaren und verabschiedete sich danach sehr freundlich. Ich folgte ihr auf dem Fuße, und im Eingangsbereich unseres Büros kam es zu einem kurzen, aber folgeträchtigen Gespräch:
„Ich muss Ihnen wirklich mal ein ehrliches Kompliment machen. Es gefällt mir total gut, wie Sie hier Ihr Geschäft machen und gleichzeitig so gekonnt mit meinen Kollegen umgehen!"
Sie grinste bis über beide Ohren und antwortete:
„Gelernt ist gelernt. Ich habe schon ganz andere Situationen und Gruppen gemanagt!"
„Darf ich fragen, wo Sie das gelernt haben ...?", machte ich weiter.

Sie antwortete: *„Ich bin gelernte Hotelmeisterin und habe auch jahrelang ausgebildet!"*

Volltreffer, dachte ich und machte wieder weiter:
„Können Sie sich auch vorstellen, Ihre Fähigkeiten in einer anderen Branche gewinnbringend einzusetzen?"
„In welcher denn?", fragte sie zurück.

Ich erklärte ihr, wer wir seien und was wir täten, und schon im nächsten Moment hatte ich ihre Visitenkarte in der Tasche.
Diese Frau wurde die erfolgreichste Mitarbeiterin in meinem Team. Sie bewältigte das erforderliche Eigenumsatzvolumen in nur knapp vier Wochen (Sie erinnern sich bestimmt daran, dass ich dafür sieben Monate gebraucht hatte ... :)) und avancierte dann zur Teamleiterin von vier Mitarbeitern/-innen.

Fast nebenbei merkte sie zu einem späteren Zeitpunkt einmal an:
„Ich wollte schon viel eher einmal wissen, was ihr da eigentlich genau macht. Ich habe schon längere Zeit darauf gewartet, dass mich mal einer von euch anspricht und aufklärt." (Originalton)

Wie viele Menschen in Ihrem persönlichen Umfeld warten schon seit längerer Zeit darauf, zu erfahren, was genau Sie tun?

Höfliche Hartnäckigkeit hilft

Wie Sie sicher gemerkt haben, schreibe ich meine Geschichten für Sie so, dass Sie möglichst viel für Ihre eigene Arbeit daraus entnehmen können. Weiterhin soll es auch darum gehen, die Grenzen für bisher „Mögliches" zu verschieben und Ihnen Mut und Inspiration für Ihre eigene Arbeit zu geben. Manchmal sind auch mir Dinge passiert, die ich anfänglich selbst nicht für möglich gehalten habe, aber die Dinge bleiben nur so lange unmöglich, bis jemand oder man selbst den Gegenbeweis antritt. So auch bei einer Gelegenheit, die ich anfänglich als Niederlage wertete, die sich aber nach Jahren zum Positiven wendete.

Auf meinem Weg ins Büro, den ich manchmal auch zu Fuß nahm, war mir schon des öfteren ein Mann aufgefallen, den ich aber aus irgendwelchen Gründen noch nicht angesprochen hatte. Er hätte vom Äußeren her gut gepasst, aber irgendetwas (wahrscheinlich meine Kontaktangst) hielt mich immer wieder zurück, den ersten Schritt zu wagen. Bis zu dem Tag, als er mir zum „magischen dritten Mal" begegnete. Beruflich schien er mir so eine Art Einzelhandelskaufmann mit „Verantwortung" zu sein, denn er bewegte sich immer sehr geschäftig, und auch in den Gesprächen mit anderen Leuten stach er immer irgendwie hervor. Wie gesagt, waren es wie so oft die sich treffenden Blicke zweier Menschen, die den Anstoß zum berühmten ersten Schritt gaben. Der kam in diesem Fall, wie könnte es anders sein, selbstverständlich von mir. Als er mir wieder einmal über den Weg lief und ich mich überwinden konnte, ihn anzusprechen, passierte Folgendes:
„Grüß Gott, ich habe eine kurze Frage an Sie!", war mein Einstieg, und als hätte er nur darauf gewartet, dass ich ihn anspreche, konterte er, ohne dass ich weiterreden konnte, mit den Worten:
„Nein, danke, ich habe einen perfekten Job, möchte nichts dazuverdienen und bin auch sonst total glücklich."

Jetzt war ich erst mal baff, und während ich diese Reaktion verarbeitete, konnte ich gerade noch seine „kalte Schulter" im Eingang eines Geschäftes verschwinden sehen. Naja, dachte ich mir: Entweder hat er schlecht geschlafen, oder er kennt mein Konzept. Hätte ja auch sein können, dass ich nach dem Weg fragen wollte. Aber diesen Eindruck habe ich wohl nicht auf ihn gemacht.

Wir befinden uns, geografisch gesehen, ungefähr am selben Ort der vorherigen Szene, nur zirka ein Jahr später. Die Geschäfte in München liefen gut, mein Team wuchs, und ich erspähte immer wieder gute Jungs und Mädels, die in meine Mannschaft hätten passen können. Der Nächste, den ich mit den Worten:
„Hallo, ich habe eine kurze Frage an Sie ....!", ansprach, drehte sich, wie vom Blitz getroffen, zu mir um und sagte total aufgebracht:
„Mensch, ich habe Ihnen doch schon mal gesagt, dass ich von Ihnen nichts brauche." Sprach er und verschwand ebenso schnell wie vor einem Jahr aus meinem Blickfeld. Sie können sich sicherlich vorstellen, was mir jetzt durch den Kopf ging, und ich sage Ihnen: Sie haben recht! Das war derselbe Typ wie vor einem Jahr, nur diesmal mit Brille und etwas anderer Frisur. Einen kurzen Moment dachte ich mir: Mist, wie konnte dir das passieren? Doch im nächsten Augenblick kam meine positive Einstellung zurück, und ich war mir wieder sicher. Alles okay, es hätte ja sein können, dass er diesmal offen gewesen wäre für eine Verbesserung. Hat halt Pech gehabt.

Ein paar Monate später, wie es der Zufall so will, lief mir dieser Mensch erneut über den Weg. Dieses Mal sah ich die Ansprache als sportliche Herausforderung an (mittlerweile habe ich totalen Spaß bei solchen Menschen; irgendwie lustig). Als sich unsere Blicke trafen, winkte ich ihm schon aus mehreren Metern Entfernung aus zu und grüßte ihn lauthals mit den Worten:
„Hallihallo! Ich wollte mal fragen, wie es Ihnen geht, und ob sich bei Ihnen was geändert hat?"
Etwas genervt blieb er stehen und sagte:
„Mensch, Sie sind ja unglaublich hartnäckig. Ich habe es Ihnen doch schon mal erklärt."
„Das ist ja sicherlich richtig", fuhr ich fort *„aber dieses Mal bleiben Sie zumindest schon mal stehen und hören zu! Manchmal ändert sich das Leben von uns Menschen über Nacht. Vielleicht sind Sie ja zum jetzigen Zeitpunkt offen für ein gutes geschäftliches Angebot. Für so einen energischen jungen Mann wie Sie hätte ich glatt noch eine Stelle frei."*

„Nein", sagte er. „Sie haben auch diesmal kein Glück!"
Ich sagte: „Kein Problem, wir haben zumindest wieder einmal miteinander gesprochen. Vielleicht klappt es ein anderes Mal. Alles Gute für Sie, und bis irgendwann!"

Was jetzt kommt, ist wirklich spektakulär, aber jedes Wort ist wahr. Vom Zeitpunkt her befinden wir uns wieder zirka ein Jahr später in der Zukunft: Ich verließ ein Münchener Café und freute mich des Lebens, als mein alter „Freund" wieder meinen Weg kreuzte. Als sich unsere Blicke trafen, grüßte ich lauthals und freundlich und in dem Moment, als wir einander passierten, geschah das Unfassbare. Ich war schon fast an ihm vorbei, als ich gerade noch so sein leises und vorsichtiges „Sorry, eine Sekunde, bitte" vernahm.
Ich war total überrascht und blieb wie versteinert stehen. Er trat an mich heran und fragte:
„Sie haben mich schon drei Mal angesprochen. Jetzt würde es mich interessieren, um was für einen Job es sich bei Ihnen handelt?"

Ich war zwar etwas stolz in diesem Moment und hätte ihn am liebsten abblitzen lassen, doch auch in solchen Situationen hatte ich mittlerweile dazugelernt.

Ich erklärte kurz, um was es ging, und er bekundete noch im selben Moment Interesse daran, mehr zu erfahren und nähere Informationen zu erhalten. Auf meine Frage, wie es zu seiner Sinneswandlung gekommen sei, antwortete er nur kurz:
„Es hat sich einiges verändert in den letzten Monaten. Ich habe meinen Job gekündigt, weil ich mich mit dem neuen Chef nicht verstanden habe!"
„Ach so, sieh mal einer an!". Mehr hatte ich darauf nicht zu sagen.

Das andere Geschlecht

Auch dieses Thema soll in meinen Ausführungen nicht zu kurz kommen, weil ich aus eigener Erfahrung weiß, dass es auch im Zeitalter der Emanzipation und der allgemeinen Gleichberechtigung immer wieder Barrieren gibt, Angehörige des anderen Geschlechts direkt auf Geschäftsgelegenheiten anzusprechen. So zum Beispiel höre ich von Damen immer wieder, und das leider viel zu oft, die Aussage: *„Einen Mann würde ich als Frau nie direkt ansprechen, was soll denn der von mir denken?"*. Die Männer wiederum sind sich ziemlich oft sicher, bei den Damen den Eindruck zu erwecken, sie lediglich „anbaggern" zu wollen. Und jetzt kommt das Beste. Beide Parteien werden für sich so lange recht behalten, bis sie diese mittelalterlichen Glaubenssätze ein für allemal ablegen. Denn wenn Sie schon gedanklich so an eine Ansprache herangehen, dann werden Sie auch genau diesen für sich selbst prophezeiten Eindruck erwecken. Garantiert!

Auch ich habe einige Zeit gebraucht, bis ich mit dieser Thematik warm wurde, aber nach der Analyse der Geschlechterverteilung in meinem Team musste ich feststellen, dass wir zu 85 Prozent aus jungen Männern zwischen 20 und 30 Jahren bestanden. Die Damen hatten wir, geschäftlich gesehen, bis zu diesem Zeitpunkt leider etwas vernachlässigt. Irgendwann hatte ich dann einmal ein Gespräch mit einem Vertriebsvorstand, der mir in diesem Bereich sehr konsequent die Augen öffnete. Schnell wurden auch mir die Vorteile von gemischten Teams klar, in denen der Anteil an Distributorinnen, Beraterinnen und auch der Anteil von Beratern der Altersgruppe 45+ viel höher lag. Der Vorteil liegt ganz klar auf der Hand: Man hat Zugang zu Kunden- und Verbraucherpotenzialen, die man sonst nicht erschließen würde. Zusätzlich eröffnen sich wiederum neue Geschäftspartnerressourcen, die man mit einem homogenen Team nur schwer oder lediglich partiell erschließen kann.
Mal abgesehen davon, ist die Stimmung in gemischten Teams meiner Meinung nach wesentlich besser, und Mitarbeiter und Geschäftspartnerinnen mit guter Laune verkaufen und empfehlen auch gleich viel besser!! (Bitte sehen Sie diese Aussagen einmal ganz allgemein. Mir ist zweifelsohne klar, dass es MLM und Strukturvertriebe gibt, die sich diesbezüglich extrem spezialisiert haben.

Für solche Systeme gelten diese Ausführungen natürlich nicht oder nur bedingt. Für 80 Prozent der mir bekannten Firmen dürften meine Behauptungen jedoch zutreffen.)

Doch nun zurück zur eigentlichen Praxis. Ohne dass ich direkt auf spezielle Beispiele eingehen möchte, will ich Ihnen meine Meinung und Erfolg versprechende Vorgehensweisen darlegen.

Tatsache ist: Wenn eine Dame einen Mann auf sein/ihr Geschäft ansprechen möchte, dann hat sie schon grundsätzlich sehr gute Chancen auf Erfolg. Das sollte den Damen von vornherein bewusst sein. Warum, wollen Sie wissen? Also, ich persönlich kenne keinen Mann, der einem charmanten und zielstrebigen Mädchen seine Telefonnummer nicht geben würde :). Zielstrebige Frauen und ganz besonders jene, die wissen, was sie geschäftlich wollen, üben auf Männer einen ganz speziellen Reiz aus. Ich bin der Meinung, dass jeder/jede mit den Waffen kämpfen sollte, die ihm/ihr zur Verfügung stehen.
(An dieser Stelle weiß ich genau, was viele von Ihnen jetzt denken. Aber ich bin lediglich verantwortlich dafür, was ich sage, Sie jedoch sind verantwortlich für das, was Sie gedanklich daraus machen. Ich bin immer noch ganz konsequent beim Geschäft.)

Die Damen, die mir bekannt sind und geschäftlich sehr erfolgreich wurden, haben sicherlich ihre weibliche Aura genutzt, um den einen oder anderen Adam für´s Geschäft zu gewinnen. Wenn es dann um eine langfristige, geschäftliche Zusammenarbeit ging, haben es genau diese Frauen verstanden, die persönlichen „Verflechtungen" zu vermeiden und die Zusammenarbeit ausschließlich auf das Business zu beschränken. So sind die Regeln! Im Großen und Ganzen kann ich jeder karriere- oder erfolgsorientierten Frau nur empfehlen, Männer für das Geschäft einzuschreiben. Männer wollen immer gern zeigen, was sie können. Sie müssen nur die richtigen Knöpfe drücken ... (Es gibt bei Männern so eine Art Egoschraube. Wenn Sie die finden und vorsichtig daran drehen, könnte das Ihr Geschäft explodieren lassen!)

Nun zu den Herren der Schöpfung! Da ich selbst einer bin, kann ich bei diesem Thema aus eigener Erfahrung sprechen. Ganz speziell bei der „Direktansprache" von Frauen für Ihr Geschäft sollten sich natürlich auch Männer ihrer Stärken bewusst sein. Aber Achtung! Eine Ansprache in diesem Bereich sollte von Ihnen selbst und von Ihrem Gegenüber in Sachen Stil und Niveau immer mit den Höchstnoten bewertet werden. Übersetzt heißt das im Klartext: Ihre Ansprache darf nie in die Rubrik billige Anmache fallen. Deshalb sollten Sie hier ganz besonders intensiv trainieren und unmissverständlich kommunizieren, wer Sie sind, warum Sie die Dame ansprechen, und dass Sie ausschließlich ein geschäftliches Interesse im Sinne einer eventuellen Zusammenarbeit an ihr haben.

Wenn die Herren der Schöpfung diese Regeln befolgen, sind auch ihnen bei der Ansprache von Damen für ihre Organisation keine Grenzen gesetzt. Der Erfolg ist ihnen fast schon sicher, denn speziell Frauen können in den Bereichen Beratung und Verkauf meistens schneller und auf nachhaltigere Erfolge verweisen als Männer. Diese wiederum tun sich speziell im Aufbau von Teams beziehungsweise in der Führung von Geschäftspartnern etwas leichter. Aber der Anteil von Frauen in der Wirtschaft und speziell in Leaderpositionen nimmt ja ständig zu - und das ist auch gut so!

Ich habe noch ganz vergessen, Ihnen zu erklären, wie ich mich Damen gegenüber unmissverständlich bei der Ansprache ausdrücke. Meistens mache ich es mir sehr einfach.

Ich sage:
„Der Grund, warum ich Sie jetzt anspreche, ist rein geschäftlicher Natur. Sie sind mir sehr positiv aufgefallen, und ich möchte die Gelegenheit nutzen, Sie für mein Team zu gewinnen!"
Manchmal, und das ist besonders in Situationen großer Verwunderung über die Ansprache empfehlenswert, ist es vorteilhaft, Ihr Gegenüber mit den Worten:
„Das ist vielleicht für Sie etwas ungewöhnlich, aber ich musste die Gelegenheit einfach mal nutzen!",
oder:
„Ich habe jetzt mal meinen ganzen Mut zusammengenommen, um

Sie anzusprechen. Ich konnte Sie einfach nicht vorbeigehen lassen."

Zusätzlich über Ihre Vorgehensweise aufzuklären. Wenn die Ansprache noch von einem Lächeln (der ersten Stufe unseres heutigen 2beknown-6-Stufenmodells) begleitet und mit einer interessanten „Elevator-Pitch" erklärt wird, dann ist das Gespräch emotional schnell unter Kontrolle und faktisch auf dem richtigen Weg.

Abschließend bleibt mir zu diesem Thema nur zu sagen: Probieren Sie sich aus und starten Sie durch! Es ist alles nur eine Frage der richtigen Erklärung!

High Potentials

Eigentlich war die Ansprache von Menschen, die einen besonders souveränen, geschäftlichen oder manchmal auch etwas arroganten Eindruck machten, nur gedacht, um meine eigene Kontaktschwelle abzubauen und mein Kommunikationsvermögen bei der Direktansprache zu verbessern. Getreu der Devise: *„Suchen Sie sich nur Herausforderungen, an denen Sie auch wirklich wachsen können!"*, suchte ich mir hin und wieder Zeitgenossen aus, bei denen mir sofort durch den Kopf schoss: *„Mist, der hat die Coolness gepachtet!"*, oder: *„Wow, der trägt einen Anzug an, der so viel kostet wie meine fünf zusammen."*

Manchmal war auch ein Kollege dabei, der aus meinem ehemaligen Wirkungskreis stammte. Damit meine ich speziell die „Security- und Fitnessszene". Es ist schon echt ein komisches Gefühl, wenn Sie jemanden kontakten, der zwei Köpfe größer und 50 Kilogramm schwerer ist als Sie selbst. Aber auch hier wächst man mit seinen Aufgaben. Die Schule, die ich bei der Ansprache dieser Typen durchlaufen habe, hat mich mehr oder weniger dazu qualifiziert und befähigt, die große Menge der etwas „normaleren" Menschen ohne Probleme im Vorbeigehen und ohne Energieaufwand zu closen. Des Weiteren lieferte es mir auch das sprachliche Repertoire und den sprichwörtlichen „Beton in der Brust", um in Zukunft so manchen obercoolen Investmentbanker oder Unternehmensberater beim Kontaktgespräch zumindest verbal und rhetorisch etwas einzubremsen und damit eine Gesprächssituation auf Augenhöhe herzustellen.

Auch hier ist die Analyse meiner Entwicklung sehr interessant, denn mit jedem der geführten Gespräche wuchsen Sicherheit, Schlagfertigkeit und Routine. Am Ende ist es dann einfach nur noch Spaß beziehungsweise Sport, einen Menschen im Direktkontakt zu „knacken", der als Angestellter zum Beispiel 200.000 Euro Jahresgehalt verdient. An dieser Stelle möchte ich Sie ermutigen, sich genau an die Leute heranzuwagen, denen Sie sich noch nicht gewachsen fühlen, denn genau bei diesen Menschen liegen die Geschäfte, die Kontakte und die Möglichkeiten, nach denen Sie suchen. Im Übrigen werden Sie ganz nebenbei zu einem Selbstbewusstseinsriesen wachsen.

Ich für meinen Teil habe mich immer mit der Vorstellung motiviert, dass mich genau einer dieser Menschen über Nacht „schwerreich" machen könnte. Zur Anmerkung sei gesagt, dass ich dadurch noch nicht „schwerreich" geworden bin, aber viele Dinge erlebt habe, die mir sonst verwehrt gewesen wären. Ich war auf Partys, die andere nur aus dem Fernsehen kennen, wurde sehr oft zu sehr gutem Essen eingeladen und habe durch die Gespräche mit „Hochkarätern" Einblicke in ganz andere geschäftliche Welten und in ganz andere Dimensionen des „großen Denkens" bekommen.

Kurz gesagt, die Qualität und der Spaß an meiner Arbeit sind dadurch wesentlich angestiegen, und ganz nebenbei habe ich auch den einen oder anderen Euro durch den Abschluss „guter Geschäfte" mit diesen Gesprächspartnern verdient.

Ein Hochkaräter auf elf Uhr

Auf meinem morgendlichen Weg zum Büro genoss ich stets sehr intensiv die Atmosphäre, die eine erwachende Großstadt bot, und nutzte die 30 Minuten Fußmarsch natürlich immer, um Menschen zu beobachten und, wie könnte es anders sein, den einen oder anderen neuen Kontakt herzustellen. Nebenbei bemerkt, ist es übrigens ein ganz tolles Gefühl, schon früh um 8.15 Uhr die ersten zwei oder drei neuen Menschen kennengelernt zu haben. Sozusagen auf dem Weg zur „Schicht".

An diesem Morgen erspähte ich einen „Mustermenschen" der besonderen Art. Vor mir hielt am Straßenrand ein Taxi, und ein Mann so um die 50, mit silbergrauem, gegeltem Haar, einer gesunden Hautfarbe und einem Business-Dress, wie er besser nicht sein konnte, entstieg dem Taxi. Mein „Kontaktnavi" sagte mir sofort: *„Hochkaräter auf elf Uhr!"*, und ich nutzte die Gunst des Augenblicks, um ihm ein offenes und ehrliches Kompliment für die golden glitzernde Firmenanstecknadel am Revers seines Anzugs zu machen.

„Einen schönen guten Morgen, ich habe eine kurze Frage an Sie." Menschen dieses Kalibers haben die Angewohnheit, sich unendlich viel Zeit zu lassen, bis sie auf irgendwelche Ansprachen reagieren. Deswegen legte ich nochmals mit einem breiten Grinsen und einer noch intensiveren Akustik nach:
„Ja, Sie. Guten Morgen!"
Jetzt endlich drehte er sich zu mir um und mich traf ein Blick, der mir nonverbal und unmissverständlich klarmachte: Wer bist du und was willst du, du Würstchen?

Da ich auf so etwas vorbereitet war und mir mittlerweile auch nicht mehr in die Hosen machte, entgegnete ich ihm mit den gleichen Waffen und redete ruhig und souverän weiter:
„Ein toller Anstecker, den Sie da tragen, ein echter Blickfang! Darf ich fragen, was der bedeutet?"

Das Eis schien nun etwas zu schmelzen, denn er ließ sich zumindest schon mal zu einer Antwort herab.
„Das ist die Anstecknadel der Company, für die ich arbeite!"

„Das finde ich total gut!", sagte ich „Das zeugt von einer hohen Identifikation!"

Damit hatte ich nun endlich voll ins Schwarze getroffen. Seine Augen fingen an zu blitzen und er sprach sehr intensiv weiter.
„Identifikation, das ist das Wichtigste, was es im Geschäftsleben gibt!"
Daraufhin erklärte ich ihm Folgendes:
„Wissen Sie, ich bin Vertriebsmann, und es wäre toll, wenn alle Mitarbeiter meiner Organisation ihre Verbundenheit zur Company so nach außen tragen würden!"
„Ja", sagte er „Das ist wohl der Wunsch einer jeden Firma. Mitarbeiter, die zu 100 Prozent zu dem stehen, was sie tun."
Ich unterbrach ihn in seinen Ausführungen und fragte: „Darf ich fragen, für welche Firma Sie tätig sind?"
„Ich arbeite für eines der größten deutschen Privatbankhäuser!"
„Das ist toll!" sagte ich „Wenn ich Sie so anschaue und reden höre, werde ich fast etwas neidisch auf Ihre Firma. Sind Sie mit dem Laden verheiratet, oder sind Sie im Moment offen für eine berufliche Verbesserung?"
Jetzt konnte er sein Lachen nicht mehr unterdrücken und antwortete nahezu erhaben, fast arrogant:
„Junger Mann, welche Verbesserung wollen Sie mir denn bieten?"
Ich merkte, dass es Zeit für einen kleinen Konter war, und antwortete etwas nachdenklich:
„Naja, das weiß ich auch noch nicht so genau ... Im Moment ist die Sympathie rein persönlicher Natur. Ich weiß ja noch nicht, was Sie können und welche Qualifikationen Sie mitbringen."
(Übrigens war das genau der Satz, der ihn total geschmeidig gemacht hat. Ich glaube, dass er bei dieser Aussage gemerkt hat, dass ich jemand bin, der den Mund auf dem richtigen Fleck hat und ihm durchaus ebenbürtig bin.)
„Oho", sagte er fragend. „Was machen Sie denn Schönes?"
„Ich bin zuständig für den gesamtdeutschen Aufbau eines Großvertriebes. Ich bin verantwortlich für den Bereich Personal!"
„Das ist ja interessant!", entgegnete er „Und was machen Sie da genau?"

Ich erklärte ihm, dass ich speziell für das Recruiting und die Ausbildung von Beratern im Premiumsegment verantwortlich sei und diverse Führungspositionen zu besetzen habe. Im Anschluss an eine zehnminütige Fachsimpelei über Expansion, Teamwork und diverse Vertriebsmodelle tauschten wir schließlich die Visitenkarten aus und verabredeten uns für ein persönliches Kennenlernen.

Auf seiner Visitenkarte stand:

PRIVATBANKHAUS *(Der Name wird aus Diskretionsgründen nicht angegeben)*
DIRECTOR PRIVATE WEALTH

Ich habe ihn damals leider nicht für eine Mitarbeit in meinem Team motivieren können, dafür fehlten mir dann doch der nötige Status und die entsprechenden Mittel. Auch der Versuch, ihn von meinen Produkten zu begeistern, glückte nicht, da er aufgrund seiner beruflichen Tätigkeit selbst schon sehr gut versorgt war.

Im Bereich der Empfehlungen war ich jedoch erfolgreicher. Er empfahl mir zwei ehemalige Kollegen als Geschäftspartner, die wegen betriebsbedingter Umstrukturierungen auf der Suche nach einer neuen beruflichen Heimat waren. Zusätzlich habe ich in unserem 90-minütigen Gespräch so viel über Wirtschaft und Personalführung gelernt wie manch anderer in einem ganzen Studiensemester. Bingo! :)

Sepp aus Rosenheim

Ein anderes schönes Beispiel für das unkonventionelle Kennenlernen von interessanten Menschen möchte ich Ihnen nachfolgend schildern. Es war an einem Mittwoch um die Mittagszeit, und Rainer von Massenbach und ich waren auf dem Weg von unserem Stammitaliener zurück ins Büro. Es sei hier angemerkt, dass wir zu diesem Zeitpunkt schon vier Monate nicht mehr aktiv im Strukturvertrieb tätig waren, aber unser 2beknown-Kontakt- und Trainingsgeschäft lief besser als gedacht. Da wir mittlerweile alle beide Adleraugen für bestimmte Situationen und außergewöhnliche Persönlichkeiten hatten, entging uns auch der schwarze Lamborghini „Galardo", der in der Seitenstraße auf dem Weg zu unserem Büro parkte, nicht. Als wir das tolle Gefährt erspähten, trafen sich unsere Blicke, und in Bruchteilen von Sekunden stand die Entscheidung fest:
Den Fahrer dieser Karre müssen wir unbedingt kennenlernen!

Nur zur Erklärung für den Leser: Solche Entscheidungen müssen bei uns nicht mehr bewusst getroffen werden, sie laufen voll automatisiert nach dem Muster: „Sehen ..., Ansprechen ..., Visitenkarten tauschen!" ab. Als wir auf der Höhe des Fahrzeugs waren, wurden meine Erwartungen tatsächlich erfüllt. Im Auto saß ein Mann im Alter von ungefähr 40 Jahren. Lässig in die engen Schalen gedrückt, brabbelte er im tiefsten oberbayerischen Dialekt irgendwelche Anweisungen in ein Hightechtelefon, die Rolex blitzte an seinem Arm, und die Bräune seiner Haut verriet mir auf den ersten Blick: Hauptwohnsitz nicht in Deutschland.

Wir traten etwas zurückhaltend (nur zur Info: Wir hatten jeder zwei Flaschen Bier in der Hand und sahen damit nicht gerade Vertrauen erweckend aus) an die offene Tür seiner italienischen Nobelkiste und machten ihn mit Gesten auf uns aufmerksam (Viele von Ihnen werden jetzt sagen: *„Aber der telefoniert doch, den kann man doch nicht stören ..."*). Meine Devise lautete aber eher: Tritt gescheit auf, mach´s Maul auf!, und so beendete er tatsächlich, durch unsere Gesten aufmerksam geworden, sein Telefonat mit den Worten: *„Du, i meld mi späda no a moi."* Jetzt standen wir also vor ihm, und er schaute aufmerksam von zirka Bauchnabelhöhe zu uns herauf und sagte: *„Servus, Buam!"* Wir antworteten fast zeitgleich mit: *„Ser-*

vus!", und den Worten: „Das ist ja ein absoluter Traumwagen, den Sie da fahren, der steht Ihnen echt gut."
„Ja", sagte er und zog sich mit etwas Mühe an der A-Säule zum Aussteigen nach vorne. In diesem Moment schaute er etwas lüstern auf unsere Bierflaschen und fragte:
„Ihr wollt mich wohl zur Brotzeit einladen?"
„Nein, nein", sagten wir noch etwas verhalten und fuhren mit noch mehr ehrlicher Bewunderung fort:
„Dürfen wir fragen, was Sie beruflich tun, damit Sie sich so ein tolles Auto leisten können? So einen hätten wir auch gern."
„Hart und intelligent arbeiten", war seine Antwort.
„So wie Sie aussehen, lassen Sie wahrscheinlich arbeiten, und das Ganze noch nicht einmal in Deutschland", fragte ich sehr direkt.
„Richtig", sagte er. „Ich lebe sechs Monate im Jahr auf Ibiza, kaufe Immobilien, lasse sanieren und verkaufe wieder. Apropos verkaufen, dieses Auto hier ist im Moment zu haben ... 138.000 Euro, dann gehört er euch", offerierte er uns grinsend.
„Oh, nein, das ist nicht unsere Kragenweite, da müssen wir noch etwas sparen", lehnten wir mit demselben Grinsen dankend ab.

Er erzählte uns, dass er gerade Vater geworden sei und sich im Moment gerade nach einem praktischeren Auto umschaute. Er spekulierte mit einem Mercedes G-Klasse, sagte er, und machte uns ganz beiläufig noch mal ein Angebot für lediglich 135.000 Euro. Wiederum lehnten wir ab, aber Rainer von Massenbach bekundete reges Interesse, den Wagen von innen zu begutachten.
Er fragte: „Könnte ich mich mal reinsetzen?" Unser Lambofahrer erwiderte ganz locker: „Ja, koa Problem, hock di eini." Und schon im selben Moment saß Rainer mit gierig leuchtenden Augen hinter dem Lenkrad mit der F1-Schaltung.
„Ein geniales Feeling", sagte er.
„Übrigens, wenn wir schon hier stehen und quatschen, könnten wir auch ein Bier zusammen trinken?", machte er uns jetzt in gestochenem Hochdeutsch ein weiteres überraschendes unkompliziertes und lockeres Angebot.
Wir sagten, dass dies wohl nicht der richtige Platz dafür sei, und stellten ihm noch weitere Dutzende von Fragen zur Technik des

Autos und zu seinen Geschäftserfolg. Schließlich erklärten wir ihm, dass wir Kontakttrainer seien und auch gern einmal auf Ibiza arbeiten würden. In diesem Moment sagte er: *„Kein Problem, da könnt ihr bestimmt mal das eine oder andere Seminar auf der Insel halten, und wenn ihr schon mal da seid, lade ich euch zum Fischessen auf meinem Grundstück ein."*

„Na, wenn das kein Angebot ist", freute ich mich riesig und fand es wieder einmal genial, wie unkonventionell und easy solche hoch erfolgreichen Leute sein können. Ich sagte zu ihm, dass wir dann gutes Bier aus Bayern mitbringen würden. Ich merkte, dass ich damit bei ihm ins Schwarze getroffen hatte. Daraufhin tauschten wir die Visitenkarten aus und verabschiedeten uns bis die Tage auf Ibiza. :)

Was ich erst beim Weggehen bemerkte, war die Tatsache, dass sich Rainer beim Einsteigen in die flache Flunder die komplette Hosennaht seines Anzuges aufgerissen hatte. Ich denke, das war ein Zeichen, dass wir uns erst einmal etwas praktischere Klamotten zulegen sollten, bis wir an den Kauf einer solch tollen Karosse denken würden.

Ich habe Ihnen diese Geschichte wieder einmal nur aus einem einzigen Grund erzählt: Wir hatten in diesem Moment keinen Mitarbeiter gewonnen, und wir hatten auch noch nichts verkauft, aber wir hatten einen coolen Unternehmer mit Edelfahrzeug kennengelernt, der eine tolle Erfolgsstory zu erzählen hatte. Mit Sicherheit werden wir seine Einladung schnellstmöglich annehmen. Auf Fisch vom Grill habe ich schon immer Lust, auf Sonne und Ibiza allemal. Es geht wieder einmal, wie so oft im Leben, um den Aufbau von mittelfristigen, Erfolg versprechenden und nachhaltigen Beziehungen. Vielleicht werden wir ihn in Zukunft noch als Geschäftspartner oder Kunden für ein neues verrücktes Projekt von uns gewinnen.

Nachwort

Wenn man bedenkt, welch tolle Karriere- und Verdienstmöglichkeiten die meisten Network-Firmen und Strukturvertriebe bieten, desto verwunderlicher ist es, dass nur einige wenige Kollegen ihren eigenen Organisationen kontinuierlich und mit System neue Mitarbeiter zuführen. Da es meistens unbegrenzte Verdienstmöglichkeiten und genügend Incentives von seiten der Firmen gibt, kann es meiner Meinung nach nur an den fehlenden Tools und Techniken und an einem nicht vorhandenen Leitfaden zur Mitarbeitergewinnung bei den Partnern liegen. Auf unseren Seminaren und Coachings stelle ich immer wieder fest, dass sich die meisten im Geschäftsaufbau befindlichen Kollegen selbst immer wieder ein bisschen im Wege stehen. Oft ist es eine Mischung aus:

1) Fehlender oder zu geringer Identifikation

2) Ungenügender Ausbildung im Bereich Kommunikation

3) Mangelnder Begeisterung für Geschäft und System

4) Unkenntnis geeigneter Tools oder Strategien zur Mitarbeitergewinnung

5) Ungenügende Kultivierung des Expansionsgedankens

6) Fokussierung auf die Dinge, die nicht funktionieren, negative Erfahrungen oder falsche Glaubenssätze.

Was meine eigene Ausbildung im Struktursystem betrifft, bin ich höchst zufrieden und rückblickend sehr dankbar für die schnelle und professionelle Einarbeitung und Ausbildung, die ich in den oben genannten Punkten genießen durfte. Das Wichtigste für mich waren aber immer die Menschen, die dazu beigetragen haben, mich zum Vertriebs- beziehungsweise Direktkontakt-Profi zu entwickeln. Hier möchte ich besonders meinen Coach erwähnen, der mir mit viel Menschlichkeit, Begeisterung und vor allem mit seiner unerschütterlich positiven Einstellung immer wieder die notwendigen Impulse für eine positive Entwicklung gegeben hat. Ganz besonders froh bin ich über seine meisterliche Unterweisung im Bereich der Direktansprache von neuen Geschäftspartnern und über die unvergesslichen Kontakterlebnisse, die wir gemeinsam hatten.

Gleichwohl ist mir aber auch bewusst, dass nicht viele der im MLM oder Struktursystem tätigen Kollegen über eine derartige Ausbildung verfügen und eine ähnlich intensive Betreuung genießen dürfen. Gerade deswegen bereitet es mir große Freude, im Rahmen meiner Tätigkeit als Trainer und Coach bei 2beknown Interessenten aus den unterschiedlichsten MLM-Systemen und Vertrieben im Bereich des Direktkontaktes zu betreuen, mein komplettes Wissen aus neun Jahren intensiver Strukturvertriebstätigkeit zur Verfügung zu stellen und vielen Kollegen gerade im Bereich der Geschäftspartnergewinnung zu neuen Denkansätzen zu verhelfen, um das alternative Tool „Direktansprache" zur Ergänzung der eigenen Strategien gewinnbringend einzusetzen.

Es ist auch für mich immer wieder erfrischend und motivierend, zu sehen, dass die soziale Fähigkeit des „unkomplizierten Kennenlernens von Menschen" durch den „Direktkontakt" vollkommen unabhängig von Branche und Produkt einsetzbar ist. Egal ob Nahrungsergänzung, Finanzdienstleistung, Mode, Schmuck oder andere Verbrauchsgüter! Es gibt immer wieder fundamentale Gesetzmäßigkeiten und Regeln, die bei der Ansprache von fremden Menschen auf Produkt oder Karriere zu berücksichtigen sind. Wir bei 2beknown sehen es als unsere Aufgabe, genau diese Regeln in unseren Seminaren theoretisch zu schulen und deren Anwendung auch in den Praxiscoachings gemeinsam für Ihren Expansionserfolg umzusetzen.

Frei nach dem Motto: **„Sage, wen du willst, und du wirst bekommen, den du fragst!"**, wünsche ich Ihnen viel Spaß beim Training Ihrer „Kontaktmuskulatur", viele erfolgreiche Kontakterlebnisse und eine Menge neuer Geschäftspartner für einen gemeinsamen, erfolgreichen Weg in Ihrem System.

Ihr Tobias Schlosser

BUCHTIPPS

Direktkontakt
Die Offenbarung eines Mythos!

Das Kontakter-Handbuch von 2BEKNOWN
Wie Sie immer und überall mit Spaß und Niveau neue Geschäftspartner kennenlernen.

DER 2BEKNOWN BRANCHEN-BESTSELLER:

Wollen auch Sie immer und überall auf direktem Wege neue Geschäftspartner kennenlernen?

Dann kommen Sie am Branchen-Bestseller **„Direktkontakt – Die Offenbarung eines Mythos"** den 2BEKNOWN Top-Trainern Rainer von Massenbach und Tobias Schlosser nicht vorbei!

Rainer von Massenbach definiert den Direktkontakt für sich folgendermaßen:

„Direktkontakt ist die Fähigkeit, einen Menschen im öffentlichen Leben auf sehr stil- und niveauvolle Weise anzusprechen und ihn innerhalb von wenigen Minuten so für mein Geschäft zu begeistern, dass er mir seine Telefonnummer gibt und sich mit mir auf ein weiteres geschäftliches Treffen verabreden möchte."

Dieses Buch, welches das geniale 6-Stufen-Programm und viele weitere wertvolle Tipps aus ca. 80.000 Direktkontakten enthält, ist ein MUSS für alle Vertriebsmitarbeiter!

Bestellen können Sie das Buch unter:
www.fremdkontakt.de
oder www.2beknown.de

2BEKNOWN

BUCHTIPPS

Die 2BEKNOWN
ELEVATOR PITCH

Wie Sie sich und Ihr Geschäft in nur einem Satz hochinteressant vorstellen

DER 2BEKNOWN BRANCHEN-BESTSELLER:

Haben Sie das auch schon einmal erlebt?

Sie gehen durch die Stadt und entdecken unter all den Menschen den „optimalen Bewerber" für Ihr MLM. Oder Sie lernen eine Person kennen, die perfekt für Ihr Geschäft geeignet wäre.

Doch Sie schaffen es einfach nicht, dieser Person von Ihrer genialen Geschäftsidee so interessant zu erzählen, dass derjenige weitere Informationen von Ihnen haben möchte?

Oder haben Sie es einfach satt, immer die gleichen negativen Reaktionen bei den Leuten hervorzurufen, wenn Sie erklären, was Sie tun?

Dann haben wir etwas für Sie:

Jetzt gibt es den ultimativen Leitfaden für die perfekte „Elevator Pitch" für Strukturvertriebsmitarbeiter und MLMer!

Alexander Riedl, der Marketingspezialist von 2BEKNOWN hat viele Marketinggrößen interviewt und zeigt Ihnen in diesem kleinen Buch, wie Sie in 5 einfachen Schritten eine kurze, begeisternde und erfolgreiche Aufzugsansprache erteilen, die wirklich jeden mitreißt!

Bestellen können Sie das Buch unter:
oder www.2beknown.de

Das sagt Alexander Riedl selbst über dieses Buch:

Liebe Leser,

dieses Buch habe ich verfasst, nachdem ich festgestellt habe, dass sehr viele MLMer und Strukturvertriebsmitarbeiter Probleme damit haben, mit anderen Menschen über ihr Geschäft zu sprechen. Doch das ist eine der wichtigsten Fähigkeiten, die man haben muss, um Erfolg zu haben. Glücklicherweise kann man diese Fähigkeit erlernen.

Mein neues Buch beantwortet die Fragen nach dem „Was?", „Warum?" und „Wie?".
Wenn Sie alle Aufgaben (und das 5-Schritte-Programm) erledigt und die Tipps umgesetzt haben, sollten Sie in der Lage sein, mit etwas Übung eine perfekte Elevator Pitch vorzutragen.

Damit haben Sie das beste Tool an der Hand, mit welchem Sie anderen Menschen von Ihrem Geschäft erzählen und von sich überzeugen können. Interesse zu wecken, ohne gleich zu viel zu verraten, ist hier der Schlüssel zum Erfolg.

Ich habe viel Zeit damit verbracht, mit einigen führenden Marketingspezialisten zu sprechen, um Ihnen die bestmögliche Informationen in einem kleinen und speziellen Buch zusammenzufassen. Hierbei war es mir wichtig, dass Sie keine unwichtigen oder überflüssigen Informationen erhalten. Genau wie bei einer gelungenen Elevator Pitch habe ich das für Sie herausgesucht, was am Wichtigsten ist und vor allem, das was für Sie den größten Nutzen bringt.

Unser Ziel bei 2BEKNOWN ist, dass Sie weiterkommen und die Erfolge erzielen, die Sie sich vorgenommen haben. Denn Ihr Erfolg ist auch unser Erfolg.

Ich wünsche Ihnen viel Spaß dabei!

Ihr Alexander Riedl

Tobias Schlosser meint: *„Die Elevator Pitch ist ein elementares Werkzeug für jeden Vertriebsmitarbeiter. Denn wenn ich aus dem Stegreif eine kurze, knackige Vorstellung meiner Person und meines Geschäfts vortragen kann, habe ich schon halb gewonnen."*

Rainer von Massenbach ist sich sicher:*„Professioneller Vertriebsaufbau erfordert auch immer professionelle Vorbereitung. Jederzeit eine Elevator Pitch parat zu haben, maximiert die Chance, einen erfolgreichen Erstkontakt herzustellen erheblich!"*

2BEKNOWN

Bibliografische Information der Deutschen Nationalbibliothek. Die Deutsche Nationalbibliothek verzeichnet diese Publikation in der Deutschen Nationalbibliografie; detaillierte bibliografische Daten sind im Internet über
http://dnb.d-nb.de abrufbar.

ISBN 978-3-941412-00-2

Impressum:

2BEKNOWN
Riedl, Schlosser und von Massenbach Consulting GbR
Oskar-von-Miller-Ring 33
80333 München

www.2beknown.de

Autoren: Alexander Riedl, Rainer von Massenbach, Tobias Schlosser

Lektorat: Dr. Heinz Vestner

Gestaltung: www.phuongherzer.de

Alle Rechte vorbehalten. Kein Teil des Werks darf in irgendeiner Form (Druck, Fotokopie, Mikrofilm oder in einem anderen Verfahren) ohne schriftliche Genehmigung des Verlags reproduziert oder unter Verwendung elektronischer Systeme verarbeitet, vervielfältigt oder verbreitet werden.

© 2BEKNOWN 2008 - All Rights Reserved

www.ingramcontent.com/pod-product-compliance
Lightning Source LLC
Chambersburg PA
CBHW060343170426
43202CB00014B/2865